Cycle des apprentissages fondamentaux

Paginaire

LIRE et découvrir le monde au

CE1

Monique GÉRARD
I.M.F.

Sylvie JOURDREN
I.M.F.A.I.E.N.

Pierre VINCENT
I.E.N.

"Paginaire est également le nom d'une association qui se consacre à la promotion de l'écriture et du livre en organisant des ateliers d'écriture et dont le siège social est 390, route du Faron, 83200 Toulon."

HACHETTE
Éducation

"Paginaire est également le nom d'une association qui se consacre à la promotion de l'écriture et du livre en organisant des ateliers d'écriture et dont le siège social est 390, route du Faron, 83200 Toulon."

Maquette et mise en page: André Depresle.
Maquette de couverture: SG Création.
Cursive: Nicole Vilette.

ISBN: 2.01.019222.2

43, Quai de Grenelle – 75905 Paris Cedex 15

Avant-propos

Paginaire CE1 est un ensemble organisé autour d'une structure thématique qui offre des supports de lecture variés. En fin de cycle 2, afin de **renforcer l'apprentissage de la lecture** et de développer les lectures plurielles, la démarche s'enrichit et met l'accent sur le lien entre **lire et découvrir le monde**.

Les outils mis à la disposition de l'enfant et de l'enseignant sont :

■ Le livre de l'élève

Il comprend deux parties :
– **une histoire suivie** avec une révision des difficultés de la combinatoire pour faire le lien avec le CP « en douceur » ;
– **six thèmes** rigoureusement structurés présentant des textes et des documents extrêmement divers. Chaque support permet de renforcer les mécanismes de lecture, d'introduire des activités d'expression orale et écrite, et d'aborder des notions orthographiques ou grammaticales simples.

■ Une série de 14 posters

Il y a 2 posters par thème : un document déclencheur pour une première approche collective et orale du thème et un document pratique (lecture fonctionnelle). Deux posters généraux présentent le lexique et la démarche de l'ensemble *Paginaire*.

■ Le cahier d'exercices

Il permet de développer la lecture silencieuse, il systématise des activités de maîtrise de la langue et favorise la production d'écrits.

■ Le mode d'emploi (pour le maître)

Il fournit de précieuses indications pour l'utilisation pratique des outils de *Paginaire CE1*. Il présente les principes pédagogiques essentiels de la méthode et l'exploitation complète d'un thème.

■ Le guide pédagogique

Il donne les fondements pédagogiques complets de la méthode. Il propose un plan très détaillé pour l'exploitation des thèmes et des différents outils, ainsi que des suggestions de prolongements. Des Photofiches d'évaluation y sont également présentées.

Je me repère dans
Paginaire CE 1

Mon livre est divisé en deux grandes parties :

1. Une histoire suivie, *Le Dragon de la tour Eiffel* (de la page 6 à 23).

2. Un ensemble de six thèmes (chapitres). Je les reconnais grâce à leur « logo » (petit dessin en haut, à gauche de chaque double page).

Autour de moi

Au secours des bêtes et des plantes

Vivre ici et ailleurs

Des histoires extraordinaires

Les hommes d'autrefois

Que la fête commence !

Je découvre un thème

1

Au secours des bêtes et des plantes

Protéger la Terre, c'est se protéger.

Cette page présente ce que tu liras dans le chapitre.

La table des matières.

4

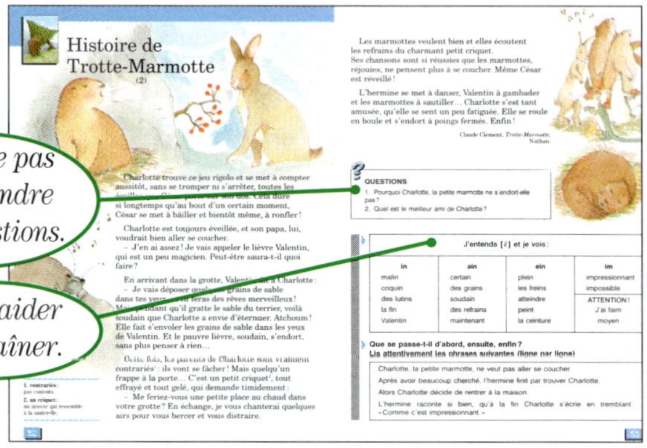
Histoire de Trotte-Marmotte

N'oublie pas de répondre aux questions.

Pour t'aider et entraîner.

… et des contes à lire.

7

Des pages « pause » pour se distraire.

10

Sauvegarder la nature

DES BISONS EN AUVERGNE

DERNIERS SURVIVANTS

sauvons nos ours !

SAUVEZ DES ARBRES !

Des extraits d'articles de journaux, de revues, de magazines.

Des textes de journaux pour s'informer.

2

Des documents à observer.

3

Des histoires…

5

Des textes pour se documenter.

6

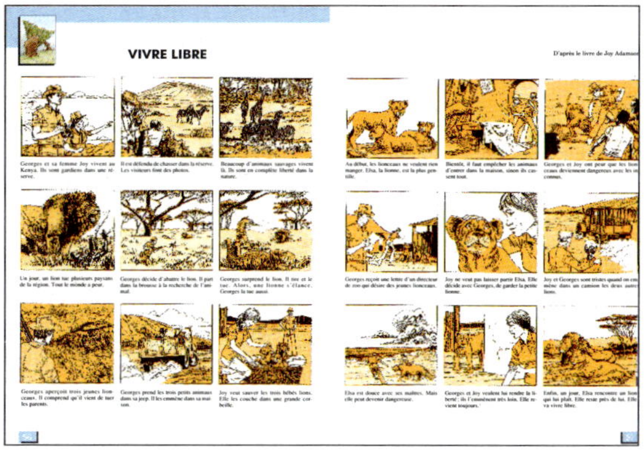

Une bande dessinée à regarder et à lire.

8

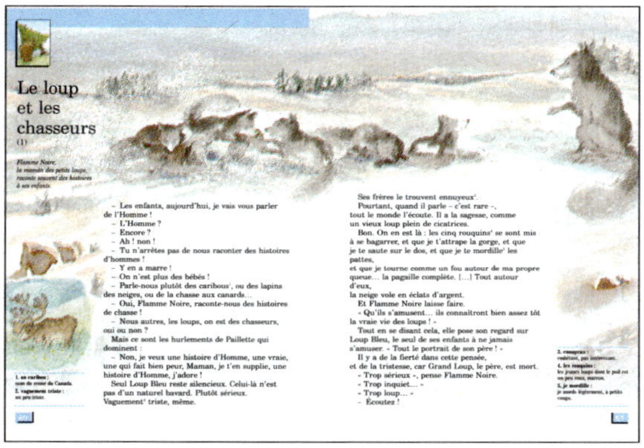

De nouvelles histoires…

9

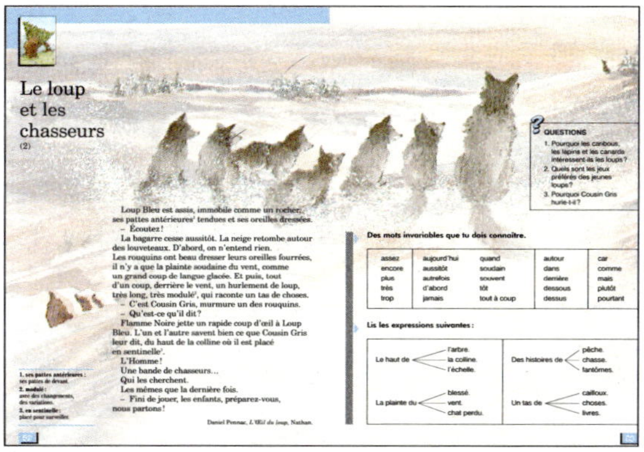

ou de nouveaux contes à lire.

11

Des textes pour « agir ».

12

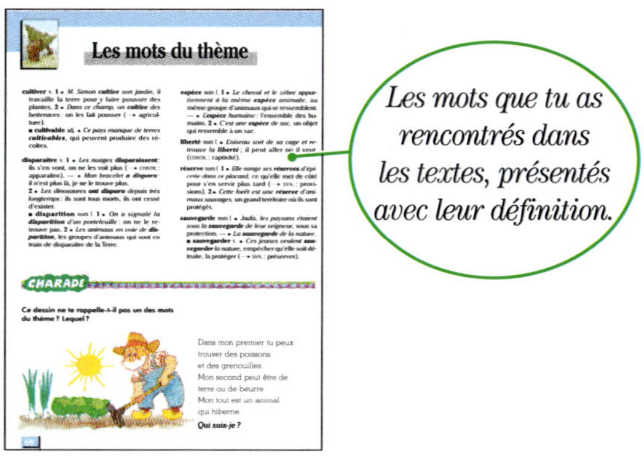

Un dictionnaire, des jeux.

Le Dragon de la Tour Eiffel

Ce matin, un cri s'élève dans Paris :
« Au secours ! Au secours ! »
Ce cri vient de la tour Eiffel.
« Au secours ! Au secours ! Il y a un dinosaure[1] !
Il y a un dinosaure devant la tour Eiffel ! »
C'est un gardien qui crie ainsi.
Des gens accourent pour voir le dinosaure.

Non, ce n'est pas un dinosaure mais un dragon.
Un énorme dragon couché au pied de la tour Eiffel !
Il est énorme, avec sa longue queue.
Son dos arrive à la hauteur du premier étage
de la tour Eiffel.
Il est vert bouteille, avec de gros points rouges.
Son échine[2] est plantée d'écailles coupantes
comme des couteaux de boucher.
Sa petite moustache noire lui donne un air terrible.

Quand il ouvre la gueule,
il en jaillit une immense flamme rouge.
Sa gueule ressemble à un four.
Ses douze pattes se terminent par des griffes courtes
et pointues.

1. un dinosaure : un animal préhistorique.

2. son échine : son dos.

Je vois « ou » J'entends [u]
au sec**ou**rs la t**ou**r – un f**ou**r il est c**ou**ché

Je vois « g »	J'entends
• le dra**g**on – la **g**riffe • lon**gu**e – la **gu**eule	[g] [g]
• rou**g**e – les **g**ens	[ʒ]

Les gens arrivent par groupes.
Ils approchent du monstre pour mieux le voir.

Au début, il y a tout un attroupement[1].
Puis une foule immense se presse autour du monstre.

On se pousse, pour mieux le voir. Quelle bousculade !
Un enfant demande : « Pourquoi tous ces points rouges sur son dos ? Il a la rougeole ? » Tout le monde rit.

Je vois « m » ou « mm »
J'entends [m]

- le **m**onstre, le **m**onde, **m**ieux.
- i**mm**ense, la fla**mm**e.

1. un attroupement : un groupe de personnes qui se rassemblent pour regarder quelque chose.

Des journalistes arrivent. Ils bousculent tout le monde.
Ils se placent devant l'animal pour prendre des photos.

Le dragon ouvre la gueule. Une flamme jaillit.
Les journalistes se sauvent. « Ils ont la frousse ! » crie l'enfant.

Un car de touristes arrive. Les touristes disent :
« On veut visiter la tour Eiffel ! Chassez ce monstre !
Chassez ce monstre ! »

Le directeur de la tour Eiffel ajoute :
« Oui, il faut chasser ce monstre ! »
La foule crie : « Au zoo de Vincennes ! Au zoo de Vincennes, le dragon ! Menons-le au zoo de Vincennes ! »

Je vois « s » ou « ss »	J'entends
• le mon**s**tre – immen**s**e – le journali**s**te	[s]
• il se pre**ss**e – on se pou**ss**e – la frou**ss**e	[s]
• ils di**s**ent – vi**s**iter	[z]

QUESTIONS

1. Combien le dragon a-t-il de pattes ?
2. Le dragon a-t-il vraiment la rougeole ? Pourquoi ?

Voilà les pompiers. Ils vont chasser[1] le monstre.
Ils font reculer la foule et installent leur motopompe[2] devant le dragon.
Ils sortent la lance à incendie. L'eau jaillit.
« À la douche, le dragon ! » crie l'enfant.
Les pompiers arrosent le dragon pour le chasser.

1. chasser :
renvoyer, faire partir.
2. motopompe :
pompe à eau qui fonctionne avec un moteur.

Je vois « on » ou « om » **J'entends [ɔ̃]**	• le m**on**stre – le drag**on** – le m**on**de • ils v**on**t – ils f**on**t • les p**om**piers – la motop**om**pe

Soudain, le monstre ouvre son énorme gueule.
Une longue flamme en sort. Deux flammes. Trois flammes.
L'eau de la motopompe se met à bouillir.
« La motopompe, c'est une casserole ! » dit l'enfant.
Tout le monde rit. Les pompiers aussi.

Je vois « l » ou « ll » **J'entends [l]**	• recu**l**er – la **l**ance – la f**l**amme • i**l**s insta**ll**ent – la vi**ll**e • attention : boui**ll**ir – jai**ll**ir

Les touristes crient : « Au zoo de Vincennes !
Au zoo de Vincennes, et plus vite que ça ! »
Soudain, le directeur de la tour Eiffel s'écrie :
« Le dompteur ! Il faut aller chercher le dompteur ! »
Le dompteur arrive. C'est un grand dompteur, célèbre dans le monde entier. Il a déjà dressé des ours et des lions.
La foule l'applaudit. Il montre qu'il a du courage.
Il se place devant le monstre. Il lève son fouet et il crie :
« Allez, Chou-Chou, au zoo de Vincennes ! »
Tout à coup, la lourde queue du dragon se lève.
Elle tourbillonne.
Elle fouette le sol avec un bruit de tambour.
Le dompteur fouette le dragon et il crie :
« Chou-Chou ! Chou-Chou ! »
Le dragon ouvre la gueule. Une flamme rouge jaillit.
Le dompteur se sauve.
« Il a la frousse, lui aussi ! » s'écrie l'enfant.

Je vois « e » « è », « ê » « ai », « ei » J'entends [ɛ]	• **e**lle foue**tte** – Vince**nn**es • le fou**et** – c'**est** • cél**è**bre – il se l**è**ve • m**ê**me • m**ai**s – elle se t**ai**t • **Ei**ffel

Je vois « o », « au », « eau » J'entends [o]	• le d**o**s • le z**oo** • il f**au**t, elle appl**au**dit • un cout**eau**

Le directeur de la tour Eiffel décide alors :
« Il faut l'endormir. Après, on le transportera au zoo de Vincennes. Allez chercher un vétérinaire[1] ! »
Le vétérinaire arrive. C'est une jeune dame. Elle monte sur le dos du dragon. Elle est très courageuse. La foule se tait.
Un homme dit : « Quel grand courage ! »
Le vétérinaire fait une piqûre dans le cou du dragon.
Mais, pour le monstre, ce n'est même pas une piqûre de moustique !
Le vétérinaire redescend.
Elle explique : « C'est inutile. Il ne s'endormira pas ! »

QUESTIONS

1. À quoi est comparée la motopompe ? et la piqûre du vétérinaire ?
2. Pourquoi le dompteur est-il célèbre ?

1. un vétérinaire : un médecin qui soigne les animaux.

À chacun son dragon

1. **une armature**: ensemble des pièces qui sert à soutenir le cerf-volant («son squelette»).

2. **la bride**: pièce qui permet de diriger le cerf-volant.

Matériel

- Une fine baguette de bois ou de plastique fendue en deux.
- Du papier d'emballage.
- De la peinture, des pinceaux.
- De la colle et du ruban adhésif.
- Une agrafeuse.
- De la ficelle fine (ficelle de boucher) ou fil de nylon fin (fil de pêche).
- Une grosse aiguille à repriser.
- Du papier crêpon en rouleau.

Pour faire un

ARMATURE[1]

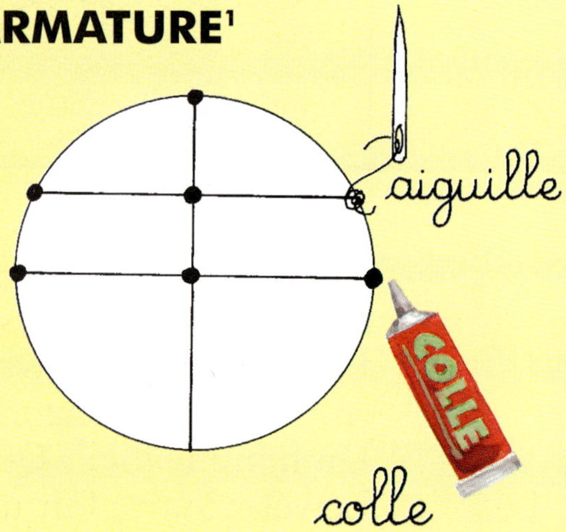

- Fais un disque avec la baguette, comme le montre le plan ci-dessus.

- Renforce les points d'attache avec de la colle et des nœuds (ficelle).

Smog, le dragon

Mon dragon a des écailles comme les poissons
Rouges et or, pareilles à son trésor.
Toujours en veille, jamais il ne dort
De son immense bouche et de son large nez
Jour et nuit, sort de la fumée.
Prenez garde à ne pas le déranger.
Prenez garde à ne rien lui dérober.
Il ne faut pas rendre coléreux
Cet animal fabuleux.

F. Josse

cerf-volant « dragon »

LA VOILURE

- Découpe un disque de la même taille que l'armature, dans le papier d'emballage.
- Dessine, peins ou décore la tête du dragon avec du papier crêpon.
- Colle ou attache (ficelle ou fil) le disque sur l'armature.

LES QUEUES

- Découpe des bandes de papier crêpon de 3 à 4 cm de large. (Coupe le rouleau de papier crêpon sans le dérouler, comme on coupe des tranches de saucisson !).
- Fixe-les à la tête du dragon (colle, ruban adhésif ou avec l'agrafeuse).

LA BRIDE[2] ET LE FIL

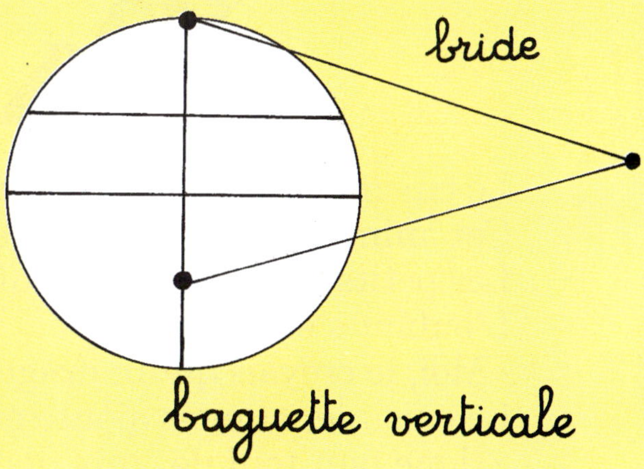

- Attache la bride sur la baguette verticale (voir croquis).
- Pour diriger le cerf-volant, attache le fil à la boucle de la bride et enroule-le sur un dévidoir. Et voilà un cerf-volant prêt à s'envoler !

Tout à coup, une voix s'élève dans la foule.
« Laissez-moi faire ! Je vais vous débarrasser de cet animal ».
Celui qui parle est un cuisinier chinois.
Il travaille dans un restaurant chinois.
« Au zoo de Vincennes ! Au zoo de Vincennes ! » crie la foule.
« Non, dit le cuisinier chinois.
Je vais ramener ce dragon dans son pays, en Chine.
Il a dû partir en promenade et se perdre. »

Le cuisinier ajoute : « Écoutez-moi tous !
Cet animal ne se nourrit que de petits pois.
Les petits pois sont, pour lui, une véritable gourmandise[1] ! »
L'enfant s'étonne :
« Moi, je croyais qu'un dragon, ça mangeait des cailloux ! »
Le cuisinier chinois ajoute encore :
« Il me faut tout de suite douze camions-citernes vides et propres. On les remplira de petits pois ! »

1. une gourmandise : quelque chose que l'on aime manger.

Je vois « é », « er » « ez » ou « et » J'entends [e]	• il s'**é**lève – v**é**ritable • débarrass**er** – achet**er** • laiss**ez**-moi – pouss**ez**-vous • **et**

La foule disparaît…
Les gens vont tous acheter des petits pois.

Ils courent.
Ils entrent dans tous les magasins, dans toutes les boutiques.
Ils prennent toutes les boîtes de petits pois qu'ils trouvent.

Ils reviennent avec des milliers de boîtes.
On les ouvre. On les vide dans les camions-citernes.
« C'est bien, approuve le cuisinier.
Maintenant, poussez-vous. Écartez-vous ! »

Je vois « n » ou « nn » **J'entends [n]**	• un a**n**imal – un Chi**n**ois • Vince**nn**es – il s'éto**nn**e – ils pre**nn**ent

Alors, le cuisinier chinois ouvre un gros robinet, au bas de l'une des citernes. Les petits pois s'écoulent un à un. À la vue des petits pois, le dragon se lève d'un bond. On entend un grognement[1] sourd. Sa lourde queue fouette l'air. Avec sa langue fourchue[2], il prend les petits pois et il les avale.

1. un grognement :
un bruit qui sort de la gorge du dragon.

2. fourchue :
comme une fourchette à deux dents.

Je vois « gn » **J'entends [ɲ]**	• un gro**gn**ement – la monta**gne**

Le camion avance lentement. Le dragon le suit.
Voilà, il avance lui aussi. La foule crie : « Hourra ! Hourra ! »
Dans les rues de Paris, on voit le camion, le dragon,
puis la foule qui les suit.
Le gourmand avale tous les petits pois et il avance.

ATTENTION ! Il y a des lettres que je vois, mais que je n'entends pas :
un Chinoi**s** (Chinoise) – gro**s** (grosse) – ba**s** (basse) – un bon**d** (bondir).

Je vois « t » ou « tt » **J'entends [t]**	• il **t**raverse – le mons**t**re – un au**t**re • il qui**tt**e – ils s'a**tt**roupent – il se je**tt**e

Le dragon suit le camion-citerne et il quitte Paris.
Il traverse toute la France.
Il traverse aussi d'autres pays.
Sur tout le parcours[1], des gens s'attroupent.
On se pousse pour mieux le voir.
Une dame dit : « Il est doux[2] comme un mouton, ce monstre ! »
Le dragon suit le camion et avale les petits pois.
Quand un camion est vide, un autre le remplace.
Enfin, voilà le pays du dragon : la Chine !
Et voilà sa montagne couverte de petits pois.
Le dragon est fou de joie car il a retrouvé son pays.
Il se jette sur les petits pois. Il en avale beaucoup.
Depuis ce jour,
il n'a plus jamais quitté ses montagnes de Chine.
Et la tour Eiffel a retrouvé tous ses touristes.

René Bouclon

1. le parcours : le chemin, le trajet.

2. doux : gentil.

QUESTIONS

1. À quoi la dame compare-t-elle le dragon ?
2. Choisis un nom pour le dragon de l'histoire.

Le voyage du dragon

De Paris à Pékin

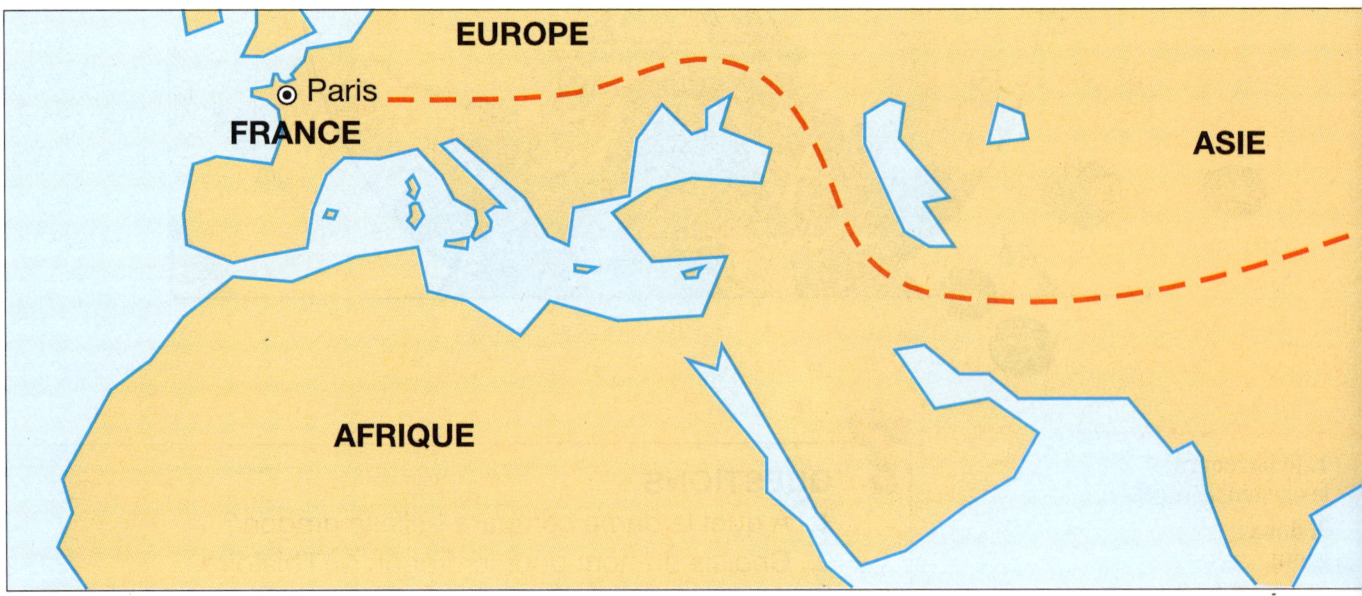

La fête du dragon

Selon la tradition chinoise, c'est le dragon qui apporte la pluie. De nos jours encore, en Chine, on organise une grande fête en l'honneur[1] du dragon pour que la pluie tombe. Cette fête a lieu le jour du nouvel an chinois. Des jeunes gens cachés dans des dragons en bois et en papiers multicolores défilent dans la ville ; un porteur d'eau les suit en aspergeant[2] la rue et en criant : « Voilà la pluie ! »
S'il ne pleut pas, on prétend que le dragon est monté trop haut dans le ciel.

D'après *Sacré Dragon,* « Musée en herbe », Casterman.
Texte Sylvie Laferrère,
Claire Merleau-Ponty, Anne Tardy.

1. en l'honneur : pour fêter.
2. asperger : lancer de l'eau.

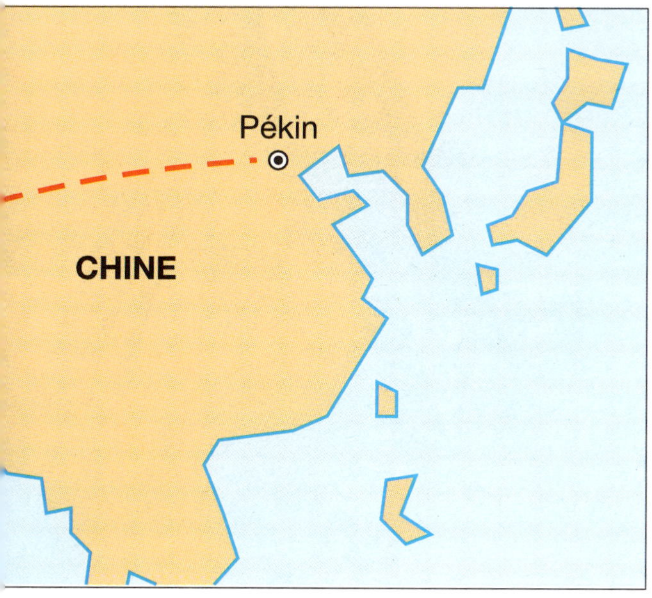

RECHERCHE

1. Cite quelques autres grands monuments de Paris.
2. Indique quelques pays traversés par le dragon pour retourner de Paris en Chine.

Pause

En Chine

Quel soleil ce jour-là sur les mandariniers !
Je jouais de la flûte en l'honneur de l'été
Sur un sampang doré descendant le Yang-Tsé,
Et je goûtais parfois une tasse de thé
En compagnie d'un chat qui détestait le lait. [...]

Les jardins ressemblaient à des nattes brodées,
Les bassins à des plats de cuivre ciselés,
Des dragons de soie bleue veillaient sur les vergers
Et, sous un ciel plus pur que le jade, dansaient
Des princesses vêtues de fleurs de cerisiers. [...]

Marc Alyn

dans J. Charpentreau, *Mon Premier Livre de poèmes, pour rire*, Éd. Ouvrières.

La tour Eiffel
A trois cent mètres.
De haut en bas
On voit la Seine.
Pour y monter
Il faut payer
Tous les millions
Qu'elle a coûtés.

dans J. Charpentreau, *Mon Premier Livre de comptines*, Éd. Ouvrières.

Autour de moi

Les yeux ouverts... le coeur battant.

ECOLE PUBLIQUE
QUINZAINE 1993
© Peyo - 1993

QUESTIONS

1. Quelle est la durée de la fête de l'école publique ?
2. Quel fruit reconnais-tu, sur l'affiche de la page de droite ?
3. Lis le texte de cette affiche. Quel est le mot que tu peux aussi bien employer pour parler d'une ville ou d'un fruit ?

Le musée d'Alice

La chambre d'Alice est dans un état désolant[1].
– Quel désordre ! soupirent Papa et Maman.
Mais Alice est une petite futée[2]. Elle affirme :
– Ma chambre est parfaitement rangée.
Tout est à sa place.

Laissez-moi vous expliquer :
ma chambre est un musée.
Et, si vous êtes gentils, je veux bien
vous le faire visiter…
Pour commencer, voici une ancienne
maison de poupée.
C'est devenu un zoo.
On y voit un petit crapaud, deux escargots
et un papillon de nuit.
Attention ! Ils peuvent s'échapper…
Cette pile de livres est ma tour d'observation.
J'y monte pour voir s'envoler mes avions en papier…
Ces livres-là, par contre, servent à sécher
des collages.
C'est pourquoi il ne faut pas les remettre
dans la bibliothèque…

1. désolant : qui fait de la peine.

2. futée : débrouillarde, rusée.

Les dessins que vous voyez sur le mur
ne sont-ils pas jolis ?
Je vais en faire d'autres, inutile de ranger
mes crayons…
Là, dans ce placard, il n'y a que des habits démodés[3].
Pauvre Alice ! Elle trouve qu'aucun ne lui va !…
Et voici un teepee[4], madame et monsieur,
celui de la squaw[5] Dodo.
C'est une construction délicate.
On comprend pourquoi la squaw Dodo ne veut pas
faire son lit…
Attention, danger !
Dans ce coffre vit un dragon redoutable.
Surtout, n'ouvrez pas plus !…
Et voici la salle de gymnastique.
Ce fauteuil me sert de trampoline.
Vous avez vu comme je peux sauter haut ?…

Voilà. La visite du musée est terminée.
Au revoir, madame et monsieur.
Finalement… si vous y tenez, je vous autorise
à m'aider à ranger !

Mélanie Erhardy,
1. 2. 3 Suivez-moi, Gautier Languereau.

3. démodés :
qui ne sont plus à la mode.

4. un teepee :
une tente d'Indiens.

5. une squaw :
en Amérique du Nord,
une femme d'Indien.

QUESTIONS

1. À quoi servent les livres d'Alice ?
2. Que fait Alice avec son fauteuil ?
3. Pourquoi dit-on que la chambre est dans un état désolant ?

Tonton catastrophe

J'aime bien mon oncle Théo.
Il est très gentil. C'est le frère de notre papa.
Ma sœur Ninon et moi, nous l'avons surnommé Tonton Catastrophe parce qu'il lui arrive toujours des choses désagréables. Nous, nous trouvons toujours ça drôle. Mais le reste de la famille ne sourit plus du tout.

Papa dit que Tonton est comme ça depuis son enfance.
D'après ce qu'il raconte, lorsqu'ils étaient petits, Théo n'avait déjà que des ennuis.
Pauvre Tonton ! Et ça ne s'arrange pas avec le temps !

Il y a deux ans, Théo habitait dans un immeuble et il lui était arrivé tellement de catastrophes que ni sa concierge[1] ni ses voisins ne pouvaient plus le supporter.

1. une concierge : personne qui a la garde d'un immeuble ou d'une maison importante. (SYN. : la gardienne)

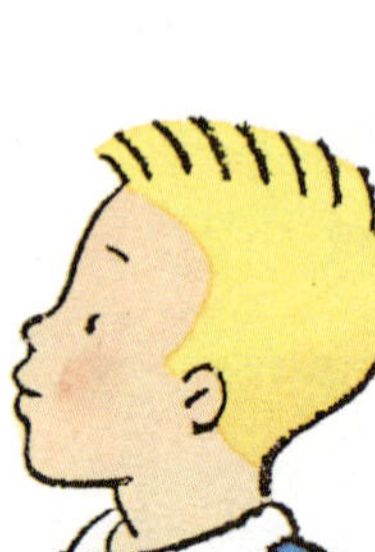

Tonton était le seul locataire dont le chauffe-eau avait explosé deux fois, le seul dont la baignoire fuyait régulièrement et inondait le voisin du dessous, le seul à se retrouver coincé dans l'ascenseur à quatre heures du matin…

La concierge en avait assez d'appeler les pompiers pour un oui ou pour un non. Les pompiers rechignaient à[2] se déranger et les voisins avaient constitué un comité de défense[3] contre celui qu'ils appelaient un « danger public ».
Mon oncle était très malheureux d'être injustement détesté.

D'après Cl. Clément, *Tonton catastrophe,*
coll. « Vive la lecture », Fleurus enfants.

2. ils rechignaient à : ils n'avaient pas envie de.
3. un comité de défense : groupe de personnes réunies pour se défendre.

QUESTIONS

1. Quels sont les malheurs de l'oncle Théo ?
2. Que penses-tu de ses voisins ?

Je prononce correctement les mots terminés par « en ».

<table>
<tr><td>parfaitement
finalement
il comprend
tellement</td><td>ils soupirent
ils peuvent
elles servent
elles pouvaient</td><td rowspan="2">bien
le tien
le mien
le sien
le mécanicien
tu viens</td></tr>
<tr><td colspan="2">ils pendent – ils vendent
ils rendent – ils mentent</td></tr>
</table>

J'observe des lettres muettes.

Les dessins sont joli**s**.	Alice est futé**e**.
Vous êtes gentil**s**. Les habits sont démodé**s**.	Ma chambre est rangé**e**. La visite est terminé**e**.

Où aller faire ses courses ?

Un hypermarché

C'est plein de vie là-dedans ; il y a des odeurs, de la couleur. Ce n'est peut-être pas artistique, non, mais ça grouille[1] de monde entre six heures et neuf heures du soir, le vendredi, le samedi et le dimanche. Car je peux y faire mes achats à ce moment-là. Moi, le client, j'aime trouver des magasins ouverts quand je ne travaille pas.

Propos de B. Trujhillo cités par Michel Drancourt, *Réalités* n° 187.

1. ça grouille : il y a beaucoup de monde qui va et vient.

RECHERCHE

Indique les commerces que l'on trouve dans ton quartier ou ton village, et dis ce que l'on y vend.

Le marché

Autour de la place et dans les rues proches, les commerçants étalent leurs marchandises. Quelques paysans ont apporté des produits de la ferme : légumes frais, conserves artisanales[1] sont présentés sur de petites tables. Le volailler, dans un étalage protégé, aligne des poulets et des lapins préparés la veille, des œufs frais dans de petits paniers. Le marchand de légumes a entassé des cageots de salades et de choux-fleurs.

Un camelot[2] vend des ceintures et des cravates. Plus loin, un vendeur a étalé des chaussures sur le trottoir. Les clients circulent avec précaution entre les étalages, attentifs aux prix, aux appels des marchands.

1. artisanales :
fabriquées à la main.

2. un camelot :
un marchand qui n'a pas de magasin et vend des marchandises à bas prix.

L'ORCHESTRE FAMILIAL

Poétine de Christian Poslaniec dans *Rimes en bulles*, «Comptimages», D'Au Éditeur . D.R.

Ma sœur Frédérique
joue de la fourchette,
Maman du piano.
Prout
Prout
MIA-OU-OU
MIAOU MIAOU
OUH! OUH!
MIAOU
Et moi
je joue du
lavabo.
pshiiiii
glou
gloup
FLOC

Pause

Dimanche

Charlotte
Fait de la compote.

Bertrand
Suce des harengs.

Cunégonde
Se teint en blonde.

Épaminondas
Cire ses godasses.

Thérèse
Souffle sur la braise.

Léon
Peint des potirons.

Brigitte
s'agite, s'agite.

Adhémar
Dit qu'il en a marre.

La pendule
Fabrique des virgules.

Et moi dans tout cha ?
Et moi dans tout cha ?

Moi, ze ne bouze pas
Sur ma langue z'ai un chat.

René de Obaldia,
Innocentines,
Éditions Grasset, 1969.

– Je sais, dit un petit garçon à un autre, que je vais avoir un zéro en arithmétique !
– Tu en es sûr ?
– Aussi sûr que **2 et 2 font CINQ !**

Trois microbes

Trois microbes, sur mon lit,
Se consultent, bien assis.

L'un s'appelle Scarlatine
Il parle d'une voix fine.

L'autre s'appelle Rougeole
Et prend souvent la parole.

Et le troisième, Oreillons,
Ressemble à un champignon.

Ils discutent pour savoir
Lequel dormira ce soir

Dans mon beau petit lit blanc.
Mais fuyons tant qu'il est temps !

Ces trois microbes, ma foi,
Dormiront très bien sans moi.

Jean-Louis Vanham,
Dans la Lune,
D.R.

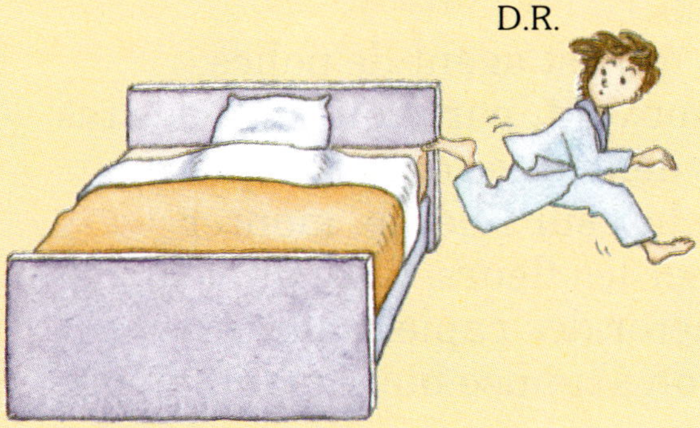

Fourmis, fourmis –
Pas si fourmis que ça,

Ces gens qui vont,
Qui courent, se faufilent,
Qui se frôlent, s'entassent.

Ou c'est que les fourmis
Ne sont pas ce qu'on dit.

Car dans les gens d'ici,
Prétendument fourmis,

Ça rêve bougrement.

Guillevic,
Ville,
Gallimard, 1969.

– Moi, je gagne ma vie grâce aux erreurs des autres.
– Vous êtes avocat ?
– Non, fabricant de gommes !

King (1)

Avec Alceste, Eudes, Rufus, Clotaire et les copains, nous avons décidé d'aller à la pêche.

Il y a un square[1] où nous allons jouer souvent, et dans le square il y a un chouette étang. Et dans l'étang, il y a des têtards. Les têtards, ce sont des petites bêtes qui grandissent et qui deviennent des grenouilles ; c'est à l'école qu'on nous a appris ça. Clotaire ne le savait pas, parce qu'il n'écoute pas souvent en classe, mais nous, on lui a expliqué.

À la maison, j'ai pris un bocal à confitures vide, et je suis allé dans le square, en faisant bien attention que le gardien ne me voie pas.

Le gardien du square, il a une grosse moustache, une canne, un sifflet à roulette comme celui du papa de Rufus, qui est agent de police, et il nous gronde souvent, parce qu'il y a des tas de choses qui sont défendues dans le square : il ne faut pas marcher sur l'herbe, monter aux arbres, arracher les fleurs, faire du vélo, jouer au football, jeter des papiers par terre et se battre. Mais on s'amuse bien quand même !

1. un square : un jardin public où les gens se promènent, se reposent, et où les enfants jouent.

Eudes, Rufus et Clotaire étaient déjà au bord de l'étang avec leurs bocaux. Alceste est arrivé le dernier ; il nous a expliqué qu'il n'avait pas trouvé de bocal vide et qu'il avait dû en vider un. Il avait encore des tas de confiture sur la figure, Alceste ; il était bien content.

Comme le gardien n'était pas là, on s'est tout de suite mis à pêcher.

C'est très difficile de pêcher des têtards ! Il faut se mettre à plat ventre sur le bord de l'étang, plonger le bocal dans l'eau et essayer d'attraper les têtards qui bougent et qui n'ont drôlement pas envie d'entrer dans les bocaux. Le premier qui a eu un têtard, ça a été Clotaire, et il était tout fier, parce qu'il n'est pas habitué à être le premier de quoi que ce soit.

Et puis, à la fin, on a tous eu notre têtard. C'est-à-dire qu'Alceste n'a pas réussi à en pêcher, mais Rufus, qui est un pêcheur terrible[2], en avait deux dans son bocal et il a donné le plus petit à Alceste.

– Et qu'est-ce qu'on va faire avec nos têtards ? a demandé Clotaire.

– Ben, a répondu Rufus, on va les emmener chez nous, on va attendre qu'ils grandissent et qu'ils deviennent des grenouilles, et on va faire des courses. Ça sera rigolo ! [...]

J'ai décidé d'appeler mon têtard King. [...]

2. terrible : formidable, extraordinaire, étonnant.

King (2)

Quand je suis entré dans la maison, Maman m'a regardé et elle s'est mise à pousser des cris : « Mais regarde-moi dans quel état tu t'es mis ! Tu as de la boue partout, [...]. Qu'est-ce que tu as encore fabriqué ? »

C'est vrai que je n'étais pas très propre, surtout que j'avais oublié de rouler les manches de ma chemise quand j'avais mis mes bras dans l'étang.

– Et ce bocal ? a demandé Maman, qu'est-ce qu'il y a dans ce bocal ?

– C'est King, j'ai dit à Maman en lui montrant mon têtard. Il va devenir grenouille, [...] et il va gagner des courses !

– Quelle horreur ! Combien de fois faut-il que je te dise de ne pas apporter des saletés dans la maison ?

– C'est pas des saletés, j'ai dit, c'est propre comme tout, c'est tout le temps dans l'eau et je vais lui apprendre à faire des tours !

– Eh bien, voilà ton père, a dit Maman ; nous allons voir ce qu'il en dit !

Et quand Papa a vu le bocal, il a dit : « Tiens ! c'est un têtard », et il est allé s'asseoir dans le fauteuil pour lire son journal. Maman, elle, était toute fâchée.

– C'est tout ce que tu trouves à dire ? elle a demandé à Papa. [...] Eh bien, parfait, je ne dis plus rien. Mais je vous préviens, c'est le têtard ou moi !

Maman est partie dans la cuisine. [...] Moi, je me suis mis à pleurer. [...]

Papa m'a pris dans ses bras :

– Écoute, bonhomme, il m'a dit. Tu sais que ce petit têtard a une maman grenouille. Et la maman grenouille doit avoir beaucoup de peine d'avoir perdu son enfant. Alors, tu sais ce qu'on va faire ? Nous allons partir tous les deux et nous allons remettre le têtard où tu l'as pris. Et puis tous les dimanches tu pourras aller le voir.
Et en revenant à la maison, je t'achèterai du chocolat.

Moi, j'ai réfléchi un coup, et j'ai dit que bon, d'accord.

Alors, Papa, en riant, a dit à Maman [...] que nous avions décidé de la garder et de nous débarrasser du têtard. Maman a ri et elle m'a embrassé [...].

D'après Sempé et Goscinny,
Les Récrés du petit Nicolas,
Denoël.

QUESTIONS

1. Dans le square, de quel personnage les enfants ont-ils peur ?
2. Que veulent faire les enfants quand les têtards seront devenus des grenouilles ?
3. Pourquoi Maman est-elle fâchée ?

Je prononce correctement les mots avec « qu ».

qui, que	square
qu'il, qu'elle	quoi
quel, quelle	aquarelle
quand	aquarium
fabriqué	
expliqué	

Je lis bien les phrases avec une énumération :

- **de noms**

Le gardien a une grosse moustache, une canne, un sifflet à roulette.

Les poissons, les têtards, les grenouilles se cachent, dès qu'on approche.

- **d'actions**

Dans le square, il ne faut pas marcher sur l'herbe, monter aux arbres, faire du vélo.

Maman m'a regardé, s'est mise à pousser des cris, m'a grondé et s'est fâchée.

Partout des livres !

LE JOURNAL DES ENFANTS

(n° 413/92 du vendredi 27 novembre 1992)

Rendez-vous à Montreuil

Du 2 au 7 décembre, les livres de jeunesse s'exposent à Montreuil (en Seine-Saint-Denis). C'est le 8e salon du livre pour la jeunesse de Montreuil qui, cette année, dure 7 jours au lieu de 6, les autres années.

Cette année, le thème (sujet) du salon est « l'invitation au voyage ». Vous y découvrirez plein de livres pour les jeunes qui, au fil des pages[1], vous feront rêver de voyages et d'aventures. [...] C'est comme une énorme librairie. Auteurs, illustrateurs, bibliothécaires, documentalistes, presse pour les jeunes (magazines, journaux), maisons d'édition, tous sont là pour vous accueillir et vous parler de leur métier, de leurs livres. [...]

Mais, le salon de Montreuil, c'est aussi des prix, des concours et des jeux.

Bref, c'est la fête de tous les livres de jeunesse, mais aussi de votre presse écrite. Et, surprise ! *Le Journal des Enfants* et une partie de son équipe vous y attendent. Cherchez bien le stand numéro B 24.

Nous vous attendons de pied ferme !

Le 8e salon du livre pour la jeunesse est installé place de la Mairie, à Montreuil. Pour tous renseignements sur le salon, tapez sur minitel le 3615 code SALONS SLDJ, ou téléphonez au 48.57.57.78. À bientôt peut-être !

1. au fil des pages : tout au long des pages, une page après l'autre.

BCD **Bibliothèque Centre de Documentation**

OUVERTURE OFFICIELLE SAMEDI 12 DÉCEMBRE
9 h 30 – 11 h 30

Venez nombreux !

À cette occasion :
portes ouvertes.

Espace BCD

1er étage :
Kiosque[2] : vente du journal scolaire.

Préau :
Exposition vente sélection des libraires.
Expositions travaux d'élèves.

LA BCD CROQUELIVRES
À CHOISY LE ROI

L'association Croquelivres de Choisy a réussi la prouesse[3] de transformer un petit dortoir en médiathèque. Parents et enfants y trouveront des livres, mais aussi des disques, des cassettes, des vidéos, des jeux.

(d'après *Argos* n° 3)

2. un kiosque : une petite boutique.
3. une prouesse : une action extraordinaire.

QUESTIONS

1. Quelle manifestation se déroule à Montreuil ?
2. Quel est le travail de l'auteur d'un livre, et celui de l'illustrateur ?
3. Peux-tu donner l'adresse d'une bibliothèque proche de chez toi ?
4. Qu'est-ce que l'on peut trouver dans une médiathèque ?

Un quartier de Paris

(4e arrondissement)

Photo aérienne : Île de la Cité, Île St-Louis.

QUESTIONS

1. Quels genres de documents voit-on sur ces pages. Que représentent-ils ?
2. Sur la photographie aérienne peux-tu repérer : la cathédrale Notre-Dame, le fleuve, les ponts ?
3. Retrouves-tu tous ces endroits sur le plan ?

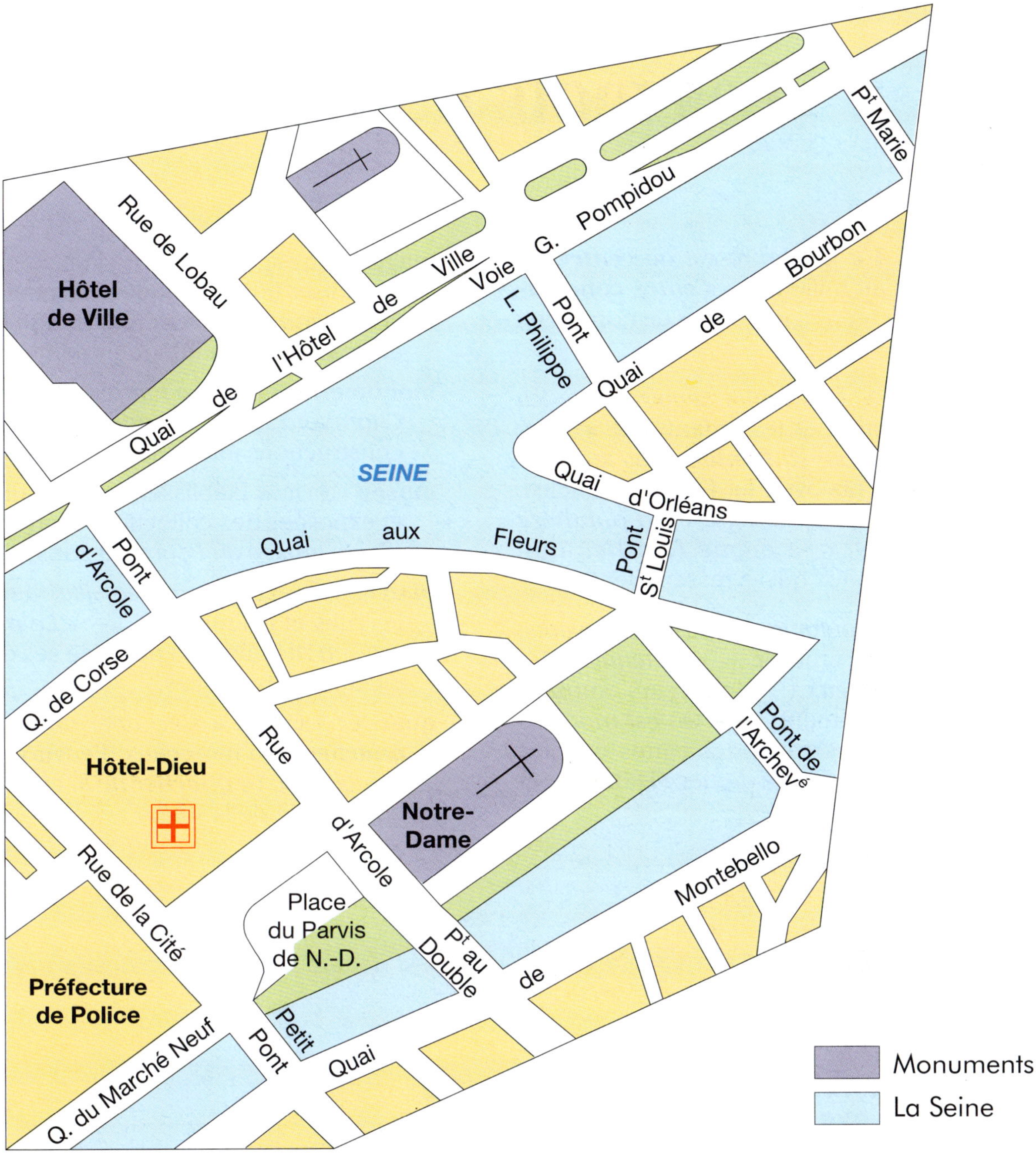

Extrait du plan du 4e arrondissement.

À TON TOUR

- Sur un plan de ton quartier ou de ta ville, essaie de situer ta maison et ton école.
- Trace l'itinéraire que tu empruntes pour te rendre de ta maison à ton école.

Les mots du thème

centre nom m. **1** • *Cet arbre est au **centre** du jardin*. Il est au milieu. **2** • ***Centre* commercial :** endroit où sont regroupés de nombreux commerces.

famille nom f. **1** • *La **famille** Lenoir habite ici*, le père, la mère et les enfants. **2** • *Il ne connaît pas toute sa **famille***, tous les gens qui sont parents avec lui (cousins, oncles, etc.). **3** • *Le chat, le tigre et la panthère appartiennent à la même **famille***, à un groupe d'animaux qui se ressemblent.

jeu nom m. **1** • *Ces enfants ont des **jeux** bruyants*, des façons de s'amuser. — • *Le tennis et les billes sont des **jeux*** (⟶ jouer ; SYN. : amusement, divertissement). **2** • *Où est mon **jeu** de cartes ?*, l'ensemble des cartes qui sert à jouer. — • *Un **jeu** de dames :* le damier et les pions.

magasin nom m. • Endroit où l'on vend des marchandises (SYN. : boutique, commerce). — • *grand **magasin*** : magasin sur plusieurs étages, où l'on vend toutes sortes d'objets.

monument nom m. • *La tour Eiffel, le château de Chambord sont des **monuments***, de grandes constructions intéressantes à visiter.

musée nom m. • Établissement où sont réunies et exposées des collections d'objets. (Ex. *le **musée** du Louvre*, à Paris)

plan nom m. • *Le **plan** d'une ville* : il représente les rues et les maisons. — • *Le **plan** d'une maison* : il indique la place de ses différentes pièces et leurs tailles.

quartier nom m. **1** • *Découper une pomme en **quartiers***, en morceaux d'environ un quart. **2** • *La nuit, ce **quartier** de la ville est désert*, cette partie de la ville.

MOTS CROISÉS

Recopie la grille sur ton cahier. Complète-la avec les mots du thème.

Au secours des bêtes et des plantes

Protéger la Terre, c'est se protéger.

Pages

Vont-ils disparaître ?

GUÉPARD

(nom m.) Long de 80 cm sans la queue, svelte et rapide : il atteint 95 km/heure.

KAPOKIER

(nom m.) Fromager, grand arbre qui fournit le kapok.

ZIBELINE

(nom f.) Mammifère carnivore de Sibérie et du Japon, long d'une cinquantaine de centimètres, pelage noir ou brun.

DIONÉE

(nom f.) Plante carnivore d'Amérique du Nord.

TIGRE

(nom m.) Félin le plus grand et le plus puissant d'Asie et d'Indonésie. La tigresse est sa femelle.

RHINOCÉROS

(nom m.) Grand mammifère herbivore d'Asie et d'Afrique, aux formes massives et trapues, à la peau très épaisse et peu poilue. Il porte une ou deux cornes à l'extrémité du museau.

NARVAL

(nom m.) Mammifère cétacé, long de 4 à 5 mètres, vivant dans l'Arctique. Le mâle a une défense torsadée qui peut mesurer jusqu'à 2 mètres.

LOUP

(nom m.) Mammifère d'Europe (essentiellement de l'Est), carnivore à l'allure de grand chien. Le petit loup est le louveteau, la femelle est la louve.

YUCCA

(nom m.) Plante d'Amérique tropicale. Certaines espèces sont cultivées en Europe pour leurs fleurs blanches.

Au musée du légume

Victor Renaud, artisan en culture biologique, cultive, dans son potager de 3 000 m^2, 500 espèces de variétés de légumes en voie de disparition. Créateur d'un musée du légume, il participe à l'inventaire des plantes cultivées en France, organisé par le Muséum d'Histoire Naturelle.

QUESTIONS

1. Quand dit-on qu'un animal ou une plante est en voie de disparition ?
2. Connais-tu d'autres animaux ou d'autres plantes qui sont en danger ?
3. A-t-on toujours mangé les fruits et les légumes que tu manges aujourd'hui ?

Histoire de Trotte-Marmotte

(1)

Quand vient l'hiver, dans la montagne, la famille des marmottes se cache au fond de son terrier bien tapissé d'herbes séchées. Elle s'installe à l'abri du froid pour dormir pendant de longs mois. L'ours et les petits écureuils, même s'ils ne dorment que d'un œil, font à peu près la même chose.

Ils s'emmitouflent[1] et se reposent…

Mais Charlotte, la petite marmotte, ne veut pas aller se coucher. Elle a encore envie de jouer avec Éloi, le petit chamois, qui reste tout l'hiver dehors. Sa maman lui crie :

– Charlotte ! Ne fais pas la sotte ! Tu vas geler le bout de ton nez… Viens donc au chaud dans la maison. Tu verras comme il y fait bon ! Mais Charlotte n'en fait qu'à sa tête et, en quelques pirouettes[2], elle s'enfuit dans le bois avec son ami Éloi.

Découragée, la maman marmotte demande à sa voisine l'hermine si elle veut bien aller récupérer cette petite coquine et la ramener au terrier.

1. ils s'emmitouflent : ils se couvrent bien.

2. des pirouettes : des petits sauts et des petits tours.

Après avoir beaucoup cherché, l'hermine finit par trouver Charlotte et lui dit :

– Si tu acceptes de venir te mettre au lit, je te raconterai toutes les histoires que je garde dans ma mémoire…
Alors Charlotte décide de rentrer à la maison. La voilà même pressée de se coucher sur son lit d'herbes séchées, pour mieux écouter.

Doucement, l'hermine chuchote à la petite marmotte des légendes[3] de sorcières et de lutins[4]. Elle raconte si bien, qu'à la fin Charlotte s'écrie en tremblant :

– Comme c'est impressionnant ! Je ne dormirai pas ce soir… Avec toutes tes histoires, je vais avoir des cauchemars[5] !
Déçue, l'hermine va trouver César, un très gentil vieux lézard, et lui dit :

– Il est bien tard… Aurais-tu une bonne idée pour endormir Charlotte, la petite marmotte, et, mine de rien, la décider à se coucher ?

César est un vieux malin qui, d'habitude, s'y prend très bien avec tous les petits coquins qui ne veulent pas dormir. Alors, il vient près du lit de Charlotte et lui dit :

– Je parie que tu ne sauras pas compter, sans te tromper ni t'arrêter, toutes mes écailles !

3. des légendes :
des histoires d'autrefois où tout n'est pas vrai.

4. des lutins :
personnages de contes, petits et malins.

5. des cauchemars :
des rêves effrayants.

Histoire de Trotte-Marmotte

(2)

Charlotte trouve ce jeu rigolo et se met à compter aussitôt, sans se tromper ni s'arrêter, toutes les écailles que César porte sur son dos. Cela dure si longtemps qu'au bout d'un certain moment, César se met à bâiller et bientôt même, à ronfler !

Charlotte est toujours éveillée, et son papa, lui, voudrait bien aller se coucher.

– J'en ai assez ! Je vais appeler le lièvre Valentin, qui est un peu magicien. Peut-être saura-t-il quoi faire ?

En arrivant dans la grotte, Valentin dit à Charlotte :

– Je vais déposer quelques grains de sable dans tes yeux, et tu feras des rêves merveilleux ! Mais pendant qu'il gratte le sable du terrier, voilà soudain que Charlotte a envie d'éternuer. Atchoum ! Elle fait s'envoler les grains de sable dans les yeux de Valentin. Et le pauvre lièvre, soudain, s'endort, sans plus penser à rien…

Cette fois, les parents de Charlotte sont vraiment contrariés[1] : ils vont se fâcher ! Mais quelqu'un frappe à la porte… C'est un petit criquet[2], tout effrayé et tout gelé, qui demande timidement :

– Me feriez-vous une petite place au chaud dans votre grotte ? En échange, je vous chanterai quelques airs pour vous bercer et vous distraire.

1. contrariés : pas contents.

2. un criquet : un insecte qui ressemble à la sauterelle.

Les marmottes veulent bien et elles écoutent les refrains du charmant petit criquet.
Ses chansons sont si réussies que les marmottes, réjouies, ne pensent plus à se coucher. Même César est réveillé !

L'hermine se met à danser, Valentin à gambader et les marmottes à sautiller… Charlotte s'est tant amusée, qu'elle se sent un peu fatiguée. Elle se roule en boule et s'endort à poings fermés. Enfin !

Claude Clément, *Trotte-Marmotte*, Nathan.

QUESTIONS

1. Pourquoi Charlotte, la petite marmotte ne s'endort-elle pas ?
2. Quel est le meilleur ami de Charlotte ?
3. Quels sont les animaux qui essaient d'endormir Charlotte ?

J'entends [ɛ̃] et je vois :			
in	**ain**	**ein**	**im**
malin	certain	plein	impressionnant
coquin	des grains	les freins	impossible
des lutins	soudain	atteindre	**ATTENTION !**
la fin	des refrains	peint	J'ai faim
Valentin	maintenant	la ceinture	moyen

Que se passe-t-il d'abord, ensuite, enfin ?
Lis attentivement les phrases suivantes (ligne par ligne).

Charlotte, la petite marmotte, ne veut pas aller se coucher.

Après avoir beaucoup cherché, l'hermine finit par trouver Charlotte.

Alors Charlotte décide de rentrer à la maison.

L'hermine raconte si bien, qu'à la fin Charlotte s'écrie en tremblant : « Comme c'est impressionnant. »

FORT DE

Connais-tu l'ours brun des Pyrénées ?

C'est un animal magnifique au pelage doré qui vit dans la montagne.

Il pêche des truites et se baigne dans les torrents, cueille des glands, des framboises, et se régale de miel.

Il aime se gratter le dos à l'écorce des arbres et faire la sieste au soleil.

Mais quand vient le froid, il s'enferme dans sa tanière[1] pour y dormir tout l'hiver.

C'est l'ours brun, le seigneur des montagnes.

1. la tanière :
la caverne, la grotte où l'ours se cache et s'abrite.
2. une allure débonnaire :
sympathique, qui n'a pas l'air dangereuse.
3. végétarien :
qui se nourrit surtout de plantes, de graines et de fruits.
4. il hiberne :
il passe l'hiver endormi.
5. la longévité :
la durée de la vie.

QUESTIONS

1. Dans quelle région vit l'ours brun ?
2. Que fait-il en hiver ?
3. De quoi se nourrit-il ?

NATURE

L'ours brun vit entre 800 mètres et 2 400 mètres d'altitude.

Il peut peser jusqu'à 200 kg.

Ce puissant colosse se déplace à 4 pattes, mais quand il est debout sur ses pattes de derrière, avec sa fourrure épaisse et luisante, il prend une allure débonnaire[2] et majestueuse.

Principalement végétarien[3], il se nourrit de fruits et de graines. Mais il aime aussi les insectes et les aliments d'origine animale. C'est d'ailleurs un très bon pêcheur.

Dès novembre, il prépare sa tanière, dans une caverne ou un terrier creusé dans le sol. C'est là qu'il hiberne[4] 4 mois d'hiver, vivant sur les réserves de sa couche de graisse.

L'ours brun vit dans le Parc national des Pyrénées où il est protégé.

Sa longévité[5] moyenne est de 30 ans.

RECHERCHE

Documente-toi sur l'ours blanc et sur un animal qui ressemble aux ours : le panda géant.

VIVRE LIBRE

Georges et sa femme Joy vivent au Kenya. Ils sont gardiens dans une réserve.

Il est défendu de chasser dans la réserve. Les visiteurs font des photos.

Beaucoup d'animaux sauvages vivent là. Ils sont en complète liberté dans la nature.

Un jour, un lion tue plusieurs paysans de la région. Tout le monde a peur.

Georges décide d'abattre le lion. Il part dans la brousse à la recherche de l'animal.

Georges surprend le lion. Il tire et le tue. Alors, une lionne s'élance, Georges la tue aussi.

Georges aperçoit trois jeunes lionceaux. Il comprend qu'il vient de tuer les parents.

Georges prend les trois petits animaux dans sa jeep. Il les emmène dans sa maison.

Joy veut sauver les trois bébés lions. Elle les couche dans une grande corbeille.

D'après le livre de Joy Adamson

Au début, les lionceaux ne veulent rien manger. Elsa, la lionne, est la plus gentille.

Bientôt, il faut empêcher les animaux d'entrer dans la maison, sinon ils cassent tout.

Georges et Joy ont peur que les lionceaux deviennent dangereux avec les inconnus.

Georges reçoit une lettre d'un directeur de zoo qui désire des jeunes lionceaux.

Joy ne veut pas laisser partir Elsa. Elle décide avec Georges, de garder la petite lionne.

Joy et Georges sont tristes quand on emmène dans un camion les deux autres lions.

Elsa est douce avec ses maîtres. Mais elle peut devenir dangereuse.

Georges et Joy veulent lui rendre la liberté ; ils l'emmènent très loin. Elle revient toujours.

Enfin, un jour, Elsa rencontre un lion qui lui plaît. Elle reste près de lui. Elle va vivre libre.

Pause

La marmotte

La marmotte
A mis ses bottes
Pour fuir la hulotte
Qui, de ses cris,
Lui transperce l'ouïe
Tout le long
Le long des nuits.

Andrée Chédid,
La Poésie comme elle s'écrit,
Éd. Ouvrières, 1979.

Un gros crocodile

Paroles : Béatrice Berger
Musique : Hans Poser
Le Jardin des chansons, D.R.

La baleine

La baleine qui tourne, qui vire
Autour du petit navire.
Petit navire, prends garde à toi,
La baleine te mangera.

Mon Premier Livre de comptines réunies,
par Jacques Charpentreau,
Éd. Ouvrières.

Apprenez à ne détruire

Apprenez à ne détruire
ni l'air ni l'eau ni la terre
sans quoi s'efface le rire
que vous promet leur mystère.

Jean-Claude Renard,
Les Mots magiques,
Éd. Ouvrières.

L'Edelweiss

Là-haut sur le Mont Blanc
L'edelweiss y fleurit,
J'y vois toute la terre
Et la France et Paris.

Là-haut sur le mont Blanc
L'edelweiss y fleurit,
Il fleurit, beau mystère,
Pour la France et Paris.

Robert Desnos,
Chantefables et Chantefleurs,
Gründ.

Zoo

À la tombée de la nuit
Quand se sont refermées les grilles
L'éléphant rêve à son grand troupeau
Le rhinocéros à des troncs d'arbres
L'hippopotame à des lacs clairs
La girafe à des frondaisons de fougères
Le dromadaire à des oasis tintants
Le bison à un océan d'herbes
Le lion à des craquements dans les feuilles
Le tigre de Sibérie à des traces sur la neige
L'ours polaire à des cascades poissonneuses
La panthère à des pelages passant dans des rayons de lune
Le gorille à des bananiers croulants de leurs fleurs violettes
L'aigle à des coups de vent dans des canyons de nuages
Le phoque aux archipels mouvants de la banquise disloquée
Les enfants des gardiens à la plage

Michel Butor,
Avant-Quart n°9, 1970.

Le loup et les chasseurs
(1)

Flamme Noire,
la maman des petits loups,
raconte souvent des histoires
à ses enfants.

– Les enfants, aujourd'hui, je vais vous parler de l'Homme !

– L'Homme ?

– Encore ?

– Ah ! non !

– Tu n'arrêtes pas de nous raconter des histoires d'hommes !

– Y en a marre !

– On n'est plus des bébés !

– Parle-nous plutôt des caribous[1], ou des lapins des neiges, ou de la chasse aux canards…

– Oui, Flamme Noire, raconte-nous des histoires de chasse !

– Nous autres, les loups, on est des chasseurs, oui ou non ?

Mais ce sont les hurlements de Paillette qui dominent :

– Non, je veux une histoire d'Homme, une vraie, une qui fait bien peur, Maman, je t'en supplie, une histoire d'Homme, j'adore !

Seul Loup Bleu reste silencieux. Celui-là n'est pas d'un naturel bavard. Plutôt sérieux. Vaguement[2] triste, même.

un caribou

1. un caribou : nom du renne du Canada.

2. vaguement triste : un peu triste.

Ses frères le trouvent ennuyeux[3].

Pourtant, quand il parle – c'est rare –, tout le monde l'écoute. Il a la sagesse, comme un vieux loup plein de cicatrices.

Bon. On en est là : les cinq rouquins[4] se sont mis à se bagarrer, et que je t'attrape la gorge, et que je te saute sur le dos, et que je te mordille[5] les pattes, et que je tourne comme un fou autour de ma propre queue… la pagaille complète. […] Tout autour d'eux, la neige vole en éclats d'argent.

Et Flamme Noire laisse faire.

« Qu'ils s'amusent… ils connaîtront bien assez tôt la vraie vie des loups ! »

Tout en se disant cela, elle pose son regard sur Loup Bleu, le seul de ses enfants à ne jamais s'amuser. « Tout le portrait de son père ! »

Il y a de la fierté dans cette pensée, et de la tristesse, car Grand Loup, le père, est mort.

« Trop sérieux », pense Flamme Noire.

« Trop inquiet… »

« Trop loup… »

– Écoutez !

3. ennuyeux :
embêtant, pas intéressant.

4. les rouquins :
les jeunes loups dont le poil est un peu roux, marron.

5. je mordille :
je mords légèrement, à petits coups.

Le loup et les chasseurs
(2)

Loup Bleu est assis, immobile comme un rocher, ses pattes antérieures[1] tendues et ses oreilles dressées.

– Écoutez !

La bagarre cesse aussitôt. La neige retombe autour des louveteaux. D'abord, on n'entend rien. Les rouquins ont beau dresser leurs oreilles fourrées, il n'y a que la plainte soudaine du vent, comme un grand coup de langue glacée. Et puis, tout d'un coup, derrière le vent, un hurlement de loup, très long, très modulé[2], qui raconte un tas de choses.

– C'est Cousin Gris, murmure un des rouquins.

– Qu'est-ce qu'il dit ?

Flamme Noire jette un rapide coup d'œil à Loup Bleu. L'un et l'autre savent bien ce que Cousin Gris leur dit, du haut de la colline où il est placé en sentinelle[3].

L'Homme !

Une bande de chasseurs…

Qui les cherchent.

Les mêmes que la dernière fois.

– Fini de jouer, les enfants, préparez-vous, nous partons !

Daniel Pennac, *L'Œil du loup,* Nathan.

1. ses pattes antérieures : ses pattes de devant.

2. modulé : avec des changements, des variations.

3. en sentinelle : placé pour surveiller.

QUESTIONS

1. Pourquoi les caribous, les lapins et les canards intéressent-ils les loups ?
2. Quels sont les jeux préférés des jeunes loups ?
3. Pourquoi Cousin Gris hurle-t-il ?

Des mots invariables que tu dois connaître.

assez	aujourd'hui	quand	autour	car
encore	aussitôt	soudain	dans	comme
plus	autrefois	souvent	derrière	mais
très	d'abord	tôt	dessous	plutôt
trop	jamais	tout à coup	dessus	pourtant

Lis les expressions suivantes :

Le haut de	l'arbre. la colline. l'échelle.	Des histoires de	pêche. chasse. fantômes.
La plainte du	blessé. vent. chat perdu.	Un tas de	cailloux. choses. livres.

Sauvegarder la nature

DES BISONS EN AUVERGNE

Le retour en France du bison sauvage est programmé[1]... Mille cinq cents ans après son départ, ou plutôt sa disparition, pour cause de massacre. La Pologne a offert une quinzaine de ces animaux primitifs[2] et on a décidé de les réintroduire dans le centre de la France, en Lozère, dans le Cantal, en Haute-Loire. Bientôt, on verra ces grands mammifères dans les landes[3] et les maigres forêts de l'Auvergne.

L'Événement du jeudi
n°228. Semaine
du 16 au 22 mars 1989.

1. **programmé :** on a décidé la date à l'avance.
2. **primitifs :** qui existent depuis très longtemps.
3. **les landes :** grandes étendues de terre où ne poussent que des plantes sauvages.
4. **la consommation annuelle :** ce qu'on utilise en une année.

DERNIERS SURVIVANTS

Le grand panda, le gorille de montagne, l'éléphant d'Afrique, le rhinocéros noir, la baleine bleue, le phoque moine, la panthère des neiges, le pélican frisé, l'ara hyacinthe, la tortue-luth : ces dix animaux sont parmi les plus menacés dans le monde. Si nous ne faisons rien, ils disparaîtront bientôt. C'est pour cela que le WWF* lance l'opération Arche de Noé.

*WWF : Fonds mondial pour la Nature
Wapiti n° 70, janvier 1993.

sauvons nos ours !

Il y a 50 ans, ils étaient 180 dans les Pyrénées. Aujourd'hui, il en reste seulement 18 ! Il faut agir vite pour empêcher la disparition totale de nos ours !...

Wapiti n° 22, janvier 1989.

SAUVEZ DES ARBRES !

En France la consommation annuelle[4] de pâte à papier représente à peu près l'équivalent de trois fois la forêt de Fontainebleau.

QUESTIONS

1. Quel est l'animal qui avait disparu de France il y a 1 500 ans ?
2. Pourquoi avait-il disparu ?
3. Combien d'ours reste-t-il aujourd'hui dans les Pyrénées ?
4. Avec quoi fabrique-t-on le papier ?
5. Quels sont les animaux les plus menacés dans le monde ?

PROMENADE DANS LE PARC DE LA VANOISE

RÉGLEMENTATION DE LA ZONE CENTRALE

Le Parc national de la Vanoise, créé pour vous, ne peut être sauvegardé[1] sans votre aide.

Il vous est demandé :

– de suivre les sentiers et de ne pas « couper » les lacets[2] à la descente ;

– de ne pas cueillir ou prélever fleurs, fruits, minéraux[3] (si vous faites des photos de fleurs, prenez soin de la végétation[4] environnante, afin de ne pas laisser de trace de votre passage) ;

– de ne pas troubler la tranquillité des lieux par des bruits, cris ou appareils sonores ;

– de ne pas amener de chien, même tenu en laisse ;

– de remporter tous vos détritus, même lors de votre passage dans un refuge ;

– de ne pas camper (cependant l'usage de tentes légères est toléré autour de quelques refuges en juillet et août, sous certaines conditions et moyennant redevance[5]) ;

– de ne pas allumer de feux.

1. **être sauvegardé :** être protégé, défendu.
2. **un lacet :** un chemin avec des virages, en montagne.
3. **les minéraux :** les pierres, les rochers.
4. **la végétation :** les plantes.
5. **moyennant redevance :** en payant.

QUESTIONS

1. Dans quelle région de France se trouve le Parc national de la Vanoise ?
2. Qu'est-ce qu'une règlementation ?
3. Quelles sont les interdictions qui te paraissent les plus importantes ?

À TON TOUR

Invente un règlement qui s'appliquera à la cour de récréation.

Fleurs de Vanoise

Parc national de la Vanoise

Accès aux portes du Parc national de la Vanoise

- Porte du Parc national de la Vanoise.
- Zone centrale du Parc national de la Vanoise.
- Zone périphérique du Parc national de la Vanoise.

Clématite des Alpes

Trèfle rouge

Raiponce noire

Joli-Bois (ou Bois-Joli)

Les mots du thème

cultiver v. **1** • *M. Simon* ***cultive*** *son jardin*, il travaille la terre pour y faire pousser des plantes. **2** • *Dans ce champ, on* ***cultive*** *des betteraves:* on les fait pousser (⟶ agriculture).
■ **cultivable** adj. • *Ce pays manque de terres* ***cultivables***, qui peuvent produire des récoltes.

disparaître v. **1** • *Les nuages* **disparaissent**: ils s'en vont, on ne les voit plus (⟶ CONTR.: apparaître). — • *Mon bracelet* ***a disparu***: il n'est plus là, je ne le trouve plus.
2 • *Les dinosaures* ***ont disparu*** *depuis très longtemps*: ils sont tous morts, ils ont cessé d'exister.
■ **disparition** nom f. **1** • *On a signalé la* ***disparition*** *d'un portefeuille*: on ne le retrouve pas. **2** • *Les animaux en voie de* ***disparition***, les groupes d'animaux qui sont en train de disparaître de la Terre.

espèce nom f. **1** • *Le cheval et le zèbre appartiennent à la même* ***espèce*** *animale*, au même groupe d'animaux qui se ressemblent. — • *L'****espèce*** *humaine*: l'ensemble des humains. **2** • *C'est une* ***espèce*** *de sac*, un objet qui ressemble à un sac.

liberté nom f. • *L'oiseau sort de sa cage et retrouve la* ***liberté***; il peut aller où il veut. (CONTR.: captivité).

réserve nom f. **1** • *Elle range ses* ***réserves*** *d'épicerie dans ce placard*, ce qu'elle met de côté pour s'en servir plus tard (⟶ SYN.: provisions). **2** • *Cette forêt est une* ***réserve*** *d'animaux sauvages*, un grand territoire où ils sont protégés.

sauvegarde nom f. • *Jadis, les paysans étaient sous la* ***sauvegarde*** *de leur seigneur*, sous sa protection. — • *La* ***sauvegarde*** *de la nature*.
■ **sauvegarder** v. • *Ces jeunes veulent* ***sauvegarder*** *la nature*, empêcher qu'elle soit détruite, la protéger (⟶ SYN.: préserver).

CHARADE

Ce dessin ne te rappelle-t-il pas un des mots du thème ? Lequel ?

Dans mon premier tu peux
trouver des poissons
et des grenouilles.
Mon second peut être de
terre ou de beurre.
Mon tout est un animal
qui hiberne.

Qui suis-je ?

Vivre ici et ailleurs

Si tous les enfants du monde...

Pages

La planète des enfants

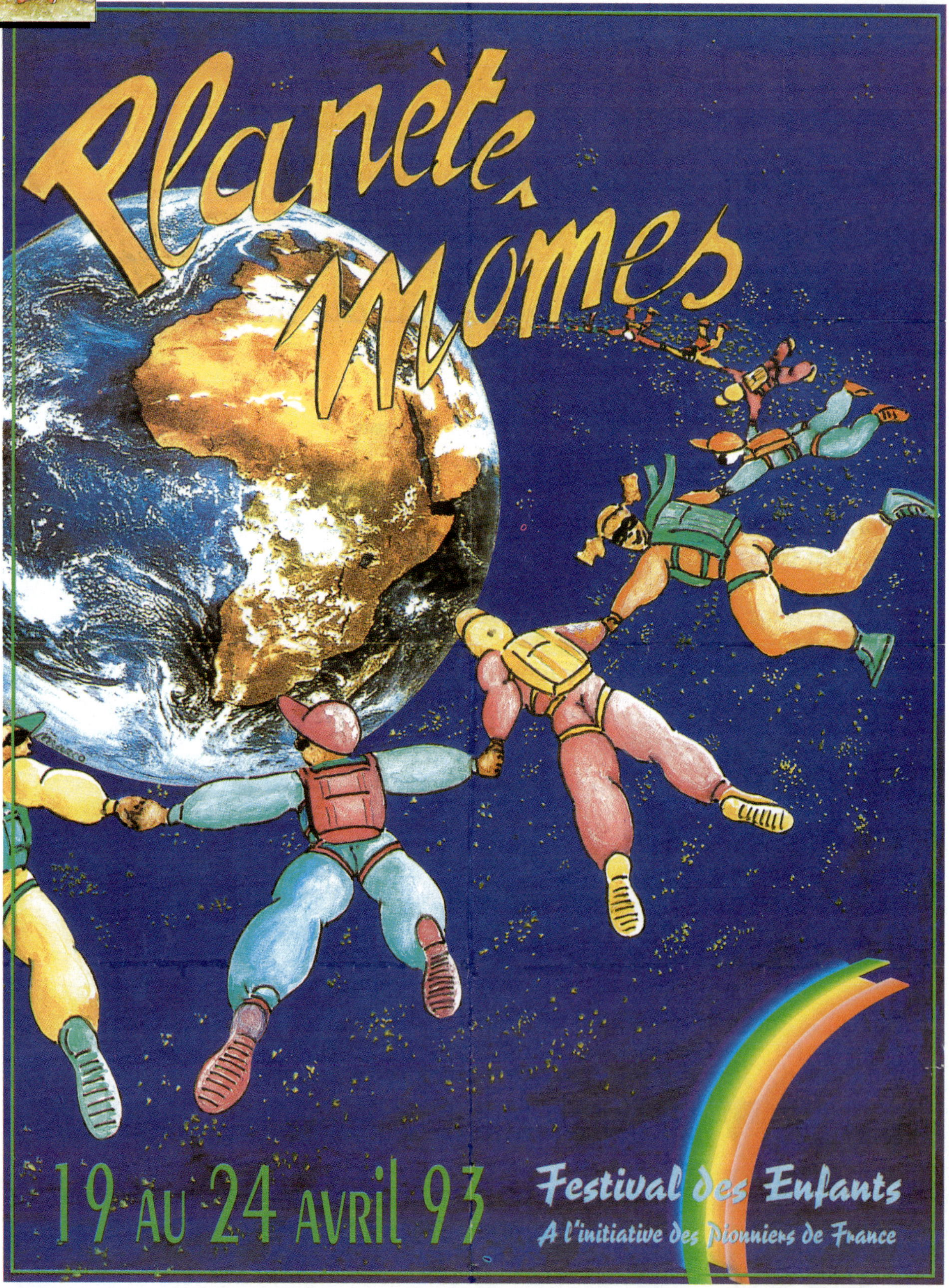

J'ai le droit d'aller à l'école,
d'avoir accès aux connaissances
qui me permettront de mieux
comprendre et embellir le monde.

COMITÉ FRANÇAIS unicef
Convention des Nations-Unies sur les Droits de l'Enfant

QUESTIONS

1. Dans l'expression « Planète mômes », par quel mot peut-on remplacer « mômes » ?
2. Que réclame l'enfant de la deuxième affiche ?
3. Connais-tu des pays, ou bien des régions, où les enfants ne peuvent pas aller à l'école ?

Le petit Esquimau et le grand Caribou

(1)

Petispouk est un petit Esquimau qui vit, comme tous les petits Esquimaux, dans un pays très froid, en vérité.

Son visage est tout rond et ses yeux noirs brillent quand il va à la pêche avec son papa Granspouk qui est très fort, comme tous les papas…

Sa maman Maspouk est gentille et belle, comme toutes les mamans. Elle porte sur son dos Bébéspouk, le petit frère de Petispouk. […]

Un jour, Petispouk rencontre son ami, le grand Caribou qu'il n'avait pas vu depuis plusieurs mois…

– Bonjour, Grand-Caribou ! D'où viens-tu ? Tu es fatigué… On dirait que tu as beaucoup couru !

– Bonjour Petispouk ! Je viens de très loin… d'un pays très ensoleillé où l'herbe est verte et le ciel bleu…

– Un pays où l'herbe est verte ?

– L'herbe est verte !

– Et le ciel est bleu ?

– Bleu ! et il y a du soleil !

– Du soleil ?

– Oui… une grosse boule dans le ciel, une boule dorée qui réchauffe la terre et fait fondre la neige… et pousser les fleurs…

– Des fleurs ? Qu’est-ce que c’est ?

– C’est joli… ça sent bon… et dans le pays d’où je viens, les enfants aiment en offrir à leurs mamans…

– Il n’y a pas de fleurs ici…

Je ne peux pas en donner à Maspouk…

Mais… il n’y a jamais de neige dans ces pays-là…

– Seulement l’hiver… Au moment de Noël, dans chaque maison, il y a un arbre orné de guirlandes et de boules brillantes. Toute la famille se réunit autour de la table, mange de la dinde et des gâteaux, chante en buvant du vin doré…

– Je ne comprends rien à ce que tu me racontes… Ces gens-là ne mangent pas de phoques ?

– Non… jamais… Ils vivent dans des maisons entourées de jardins…

– De jardins ?

– Oui, des jardins où poussent de belles fleurs…

– Encore des fleurs ! Jamais je ne verrai de fleurs dans mon pays… Je suis bien malheureux…

Le petit Esquimau et le grand Caribou
(2)

Ce jour-là, Petispouk se couche tristement. Il ne peut pas s'endormir. Le lendemain, il ne veut rien manger. Il ne parle plus. Il refuse d'aller à la pêche avec Granspouk… Grand-Caribou est désolé[1]… C'est de sa faute si Petispouk est triste, malade. Il ne fallait pas lui raconter ses voyages, lui parler des fleurs. Soudain, il a une idée…

– Je reprends la route, Petispouk, je vais courir très vite pour que tu ne m'attendes pas trop longtemps…

Les jours passent lentement et Petispouk n'a plus envie de se lever. Il est de plus en plus faible. Un jour qu'il faisait encore plus froid que d'habitude, […] Petispouk ouvre les yeux et parle :

– J'entends Grand-Caribou… Il galope ! Il galope ! Il arrive… […]

Grand-Caribou, tout couvert de neige, est devant la porte. Il entre et il pose devant Petispouk une chose incroyable dans ce pays glacé : un rosier magnifique dont chaque fleur embaume[2] … Maspouk est très étonnée…

– Oh ! Grand-Caribou, qu'est-ce que c'est ?

– Maspouk… J'ai deviné… je crois que ce sont des fleurs !

– C'est vrai, Petispouk, et ces fleurs s'appellent des roses… J'ai été les chercher dans un joli pays qui se nomme la France ! Petispouk se lève, émerveillé…

1. désolé : triste.

2. la fleur embaume : elle sent très bon.

Il prend le rosier et le donne à Maspouk.
– C'est pour toi, Maspouk, maintenant, je suis guéri !

Maspouk a planté son rosier devant la porte de sa maison et depuis ce jour, il continue de fleurir. Tous les Esquimaux qui passent devant l'igloo[3] s'arrêtent pour voir ce phénomène[4] : un rosier dans la neige… Maspouk est très heureuse…

Jacqueline Pierre
Il était mille fois, Nathan.

3. un igloo
maison des esquimaux construite en glace.

4. un phénomène :
quelque chose qui est extraordinaire.

Je vois « g », et j'entends :

[g]	grand – un igloo – il galope – les gâteaux des guirlandes – guéri
[ʒ]	le visage – gentille – la neige manger – des voyages
[ɲ]	magnifique – accompagner

QUESTIONS

1. Dans notre pays vivent des animaux qui ressemblent aux caribous. Comment se nomment-ils ?
2. Relève dans le texte les mots ou expressions qui montrent que Petispouk est malade.

Je lis en prononçant correctement.

Petispouk est‿un petit‿Esquimau.

Tous les petits‿Esquimaux ont des‿yeux noirs.

Petispouk n'a plus‿envie de se lever.

Il‿entre et il pose devant Petitspouk
une chose‿incroyable.

Chaque fleur‿embaume.

Maspouk est très‿heureuse.

si loin, si proches

Törbat… sur le chemin de l'école, en classe, en famille devant la yourte.

TÖRBAT, ENFANT DE MONGOLIE

Törbat a douze ans. Il vit en Mongolie, dans le désert[1] de Gobi. De la yourte[2] à l'école, de la steppe[3] à la ville, Törbat partage son temps entre les études et les soins à donner aux animaux, car ses parents sont éleveurs.

L'été, la famille suit les troupeaux dans la quête[4] de nouveaux pâturages. Mais l'hiver, tout le monde s'arrête. Il fait – 20 °! Il faut s'organiser. Quand le soleil se lève, Törbat est déjà debout. Avec un copain, il va chercher les chevaux avant de prendre son petit déjeuner dans la yourte. À 8 heures, c'est le départ pour l'école : 10 km à cheval, en plein désert…

Téléscope n°6 du 19 mars 1992.

1. le désert : région où rien ne pousse.
2. la yourte : tente de peau.
3. la steppe : région sans arbres où ne poussent que des herbes.
4. la quête : la recherche.

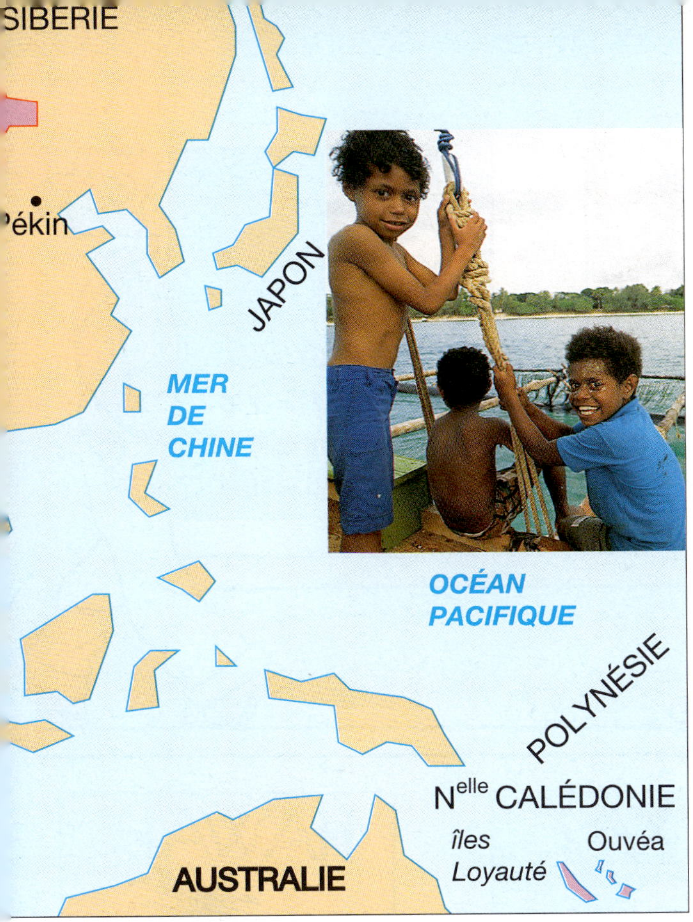

un atoll

OUKANOU, ENFANT DES ÎLES

Je vis dans l'atoll[1] où je suis né, à Ouvéa, dans les îles Loyauté.

Mon nom est Oukanou, j'ai douze ans, et je suis un garçon très heureux.

Dans ma langue, le mélanésien, Oukanou veut dire jeune cocotier. [...]

Quand je serai grand, je serai pêcheur, comme Papa, et comme mon grand-père qui ne pêche plus, mais qui raconte toujours ses formidables pêches aux requins. [...]

Quand on se promène dans mon île, on voit tous les Mélanésiens avec de jolies fleurs autour des cheveux ou du cou, et les femmes, les Popinees, avec de très jolies robes de toutes les couleurs, imprimées de grosses fleurs, d'étoiles de mer, d'oiseaux ou de papillons.

Mon maître m'a appris à l'école qu'Ouvéa n'était pas très loin de la Grande Terre, c'est-à-dire de la Nouvelle-Calédonie, qui mesure quatre cents kilomètres sur cinquante environ.

D'après Marcel Ysy Schwart, *Oukanou, le petit Calédonien*, D.R.

---

1. un atoll:
île très plate formant un anneau sur la mer.

QUESTIONS

1. Quelle est la principale activité des parents de Törbat ?
2. Quelle est l'activité du père d'Oukanou ?

RECHERCHE, dans un livre, comment peut vivre un enfant d'un autre pays (va à la BCD ou dans une bibliothèque).

LE TIROL
VOUS INVITE
Passez vos vacances en SUISSE
Le soleil est au PORTUGAL
L'ÉTÉ À MAROC
EGYPT
HAWAÏ
ESPAGNE
CHILI

UN GRAND VOYAGEUR

Hergé, *Pardon Madame*,
coll. « Quick et Flupke », Casterman.

Pause

Si un jour je suis pâtissière
Quand je serai grande
Je ferai des brioches *bis*
des gâteaux pour maman
Quand je serai grande.

Si un jour je suis jardinier
Quand je serai grand
Je cueillerai des roses *bis*
Des roses pour maman
Quand je serai grand.

Francine Cockenpot,
À petits pas, Seuil.

Je suis homme

Je suis rouge, rouge de sang, rouge de cuivre, rouge de flamme,
Je m'appelle Homme.

Je suis jaune, jaune d'or, jaune de sable, jaune d'orange,
Je m'appelle Homme.

Je suis blanc, blanc de neige éclatant, blanc lilial, blanc de jour,
Je m'appelle Homme.

Je suis noir, noir d'anthracite, noir sapotille, noir d'ébène,
noir de jais, noir de nuit,
Je m'appelle Homme.

Jaune, noir, blanc, rouge de votre peau, je ne vous connais pas.
Vous n'êtes que couleurs.
Vous êtes le vêtement qui cache un être digne et noble.

Debout Hommes de toutes couleurs, pour écraser à jamais
la haine, afin que se lève, pur, limpide et clair,
le jour NOUVEAU.

Paul Akakpo Typamm,
Rythmes et Cadences, Éditions Akpagnon, 1983.

Si tu me donnes un poisson,
Je mangerai aujourd'hui ;
Si tu m'apprends à pêcher,
J'aurai à manger ma vie durant.

Proverbe asiatique

Nous construisons le monde
Qui nous le rendra bien.

Car nous sommes au monde
Et le monde est à nous.

Eugène Guillevic,
Térraqué, Gallimard.

À Marrakech (1)

Tarek habite Marrakech depuis dix ans et quelques semaines ; c'est le cousin de Momo.

Momo, lui, habite depuis dix ans aussi, loin de là, près de Paris.

Et Momo, c'est bien sûr le cousin de Tarek. Mais tous les deux préfèrent dire qu'ils sont des frères. La preuve : tous les deux détestent toutes les soupes, sauf la harira[1], et ils adorent les histoires, surtout celles que raconte Abdelassem Ben Youssef, entre les poussières dorées qui tiennent en l'air comme par magie sur la place Jemaa el-Fna, au cœur de Marrakech.

1. la harira : soupe épaisse et épicée.

Sur la place Jemaa el-Fna, il y a aussi un charmeur qui fait danser deux crotales[2] bon enfant. Il y a des écrivains publics sous des parapluies plus noirs que l'encre. Il y a des arracheurs de dents ou des devineresses[3].

Il y a aussi, le plus souvent possible, Tarek et Momo, qui essaient de s'ouvrir un chemin dans la foule, entre les babouches[4] usées des habitués et les baskets blanches des visiteurs. Ils veulent tellement écouter Abdelassem Ben Youssef, le conteur.

2. un crotale :
c'est un serpent.
3. une devineresse :
c'est une femme qui prédit l'avenir.
4. des babouches :
des chaussures plates en cuir.

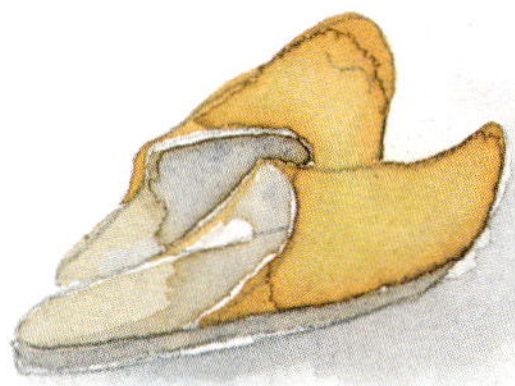

À Marrakech (2)

– Approchez vos oreilles, vos yeux et vos cœurs, mesdames et messieurs ! Voici l'histoire, la belle histoire du pauvre Abdelassem, qui voulait qu'on lui apporte la Liberté sur un plateau d'argent, parce qu'il était prisonnier d'une vieille femme qui faisait la soupe sans viande et sans goût…
Tarek et Momo approchent leurs quatre oreilles, leurs quatre yeux et entrent dans le conte :

– … Alors le Vieux dit un matin à ses deux fils, qui étaient malheureusement nés invisibles[1] : « Fils, allez chercher par toutes les ruelles de la médina[2] de Marrakech, et ramenez-moi, avant la tombée de la nuit, une belle et vraie Liberté qui me rende plus libre que la plus libre des chansons. »

En protégeant ses mots de sa main droite, le conteur s'approche du public qui l'encercle[3]. Tarek fixe sa bouche, Momo sa main.

1. invisibles : qu'on ne peut pas voir.
2. médina : partie ancienne des villes d'Afrique du Nord.
3. qui l'encercle : qui l'entoure.

QUESTIONS

1. Pour quelles raisons Tarek et Momo disent-ils qu'ils sont frères ?
2. Qui peut-on rencontrer sur la place Jemaa el-Fna ?
3. Penses-tu que l'on puisse trouver la Liberté sur un plateau ?

– *Eh fils ! Courez demander au meilleur ciseleur*[4] *de plateaux de Marrakech la Liberté pour un vieux conteur berbère*[5] *qui n'aime pas la soupe amère*[6]. *Dites-lui que son geste généreux lui donnera de la chance pour tout le reste de sa vie, de la vie de ses fils et aussi des fils de ses fils... Et vous, mes chers fils, si vous me ramenez la Liberté sur un plateau d'argent, vous deviendrez visibles à tous les yeux du monde.*

Tarek et Momo se lèvent et Momo dit à son frère-cousin :
– Tu crois qu'on peut lui trouver sa Liberté dans la médina ?
Tarek répond sans hésiter, en riant comme pour se moquer de l'ignorance de son cousin-frère :
– Bien sûr, Momo. Réfrigérateur, Liberté, clous ou pétales de fleurs d'oranger, ici, on peut tout trouver ! N'oublie jamais que nous sommes à Marrakech ! Si on veut, on peut.

Alain Serres,
Le labyrinthe de Marrakech, Syros.

4. un ciseleur : artisan qui grave des plateaux.
5. berbère : qui appartient au peuple des Berbères, peuple d'Afrique du Nord.
6. amère : qui a un goût désagréable.

J'entends [j] et je vois :

i	les poussières – elles tiennent – en riant – messieurs – prisonnier – la viande – vieux – vous deviendrez
ill	une vieille – le meilleur – les oreilles – les travailleurs – le feuillage – la famille – une fille – une paille
y	vos yeux – moyen – le nettoyage – joyeux – essayer – aboyer – un tuyau – payé

ATTENTION !
la ville – le village – mille.

Je sais donner des ordres ou des conseils.

Écoutez ! Approchez vos oreilles, vos yeux et vos cœurs !
Allez chercher dans les ruelles !
Dis-lui qu'il aura de la chance toute sa vie.
N'oublie jamais que nous sommes à Marrakech !
Approchons-nous du conteur pour mieux l'entendre.

Festival de l'enfance

« Les enfants pour la paix, l'amitié, la solidarité »

Du 9 au 28 juillet, Paris et sa région accueillent le Festival[1] international de l'enfance. Son nom : « Planète-Mômes ».
[...]
Ce festival va rassembler des centaines d'enfants de cinquante pays et des dizaines de milliers de jeunes Français.
Il proposera aux jeunes de découvrir et de discuter de la solidarité (de l'aide) avec les enfants du tiers monde (des pays pauvres).

Ce festival débutera le mercredi 10 juillet au palais de l'UNESCO, à Paris. Des enfants français et étrangers viendront dire ce qu'ils pensent de la paix, des armes et de la guerre, de la pauvreté, de la faim, etc.
Par des films, des débats[2], des expositions, des jeux, ce festival permettra aux enfants de s'exprimer (parler), mais aussi, de découvrir les autres et de les aider.

Le Journal des Enfants, vendredi 5 juillet 1991, n° 340.

1. un festival :
des réunions et des fêtes autour du cinéma, de la danse, des enfants, du sport...
2. des débats :
des discussions.

QUESTIONS

1. Où a lieu le Festival international de l'enfance ?
2. D'où viennent les jeunes qui y participent ?
3. Pourquoi est-il intéressant de rencontrer des enfants venus d'autres pays ?

Enfants au travail en Colombie.
Le travail des enfants n'est pas une chose nouvelle. Dans des pays pauvres, mais aussi dans des pays riches, des enfants travaillent dans des conditions très dures.

Où vivent-ils ?

Je suis Maria. Je suis née au Portugal, à Lisbonne. Le Portugal se trouve en Europe.

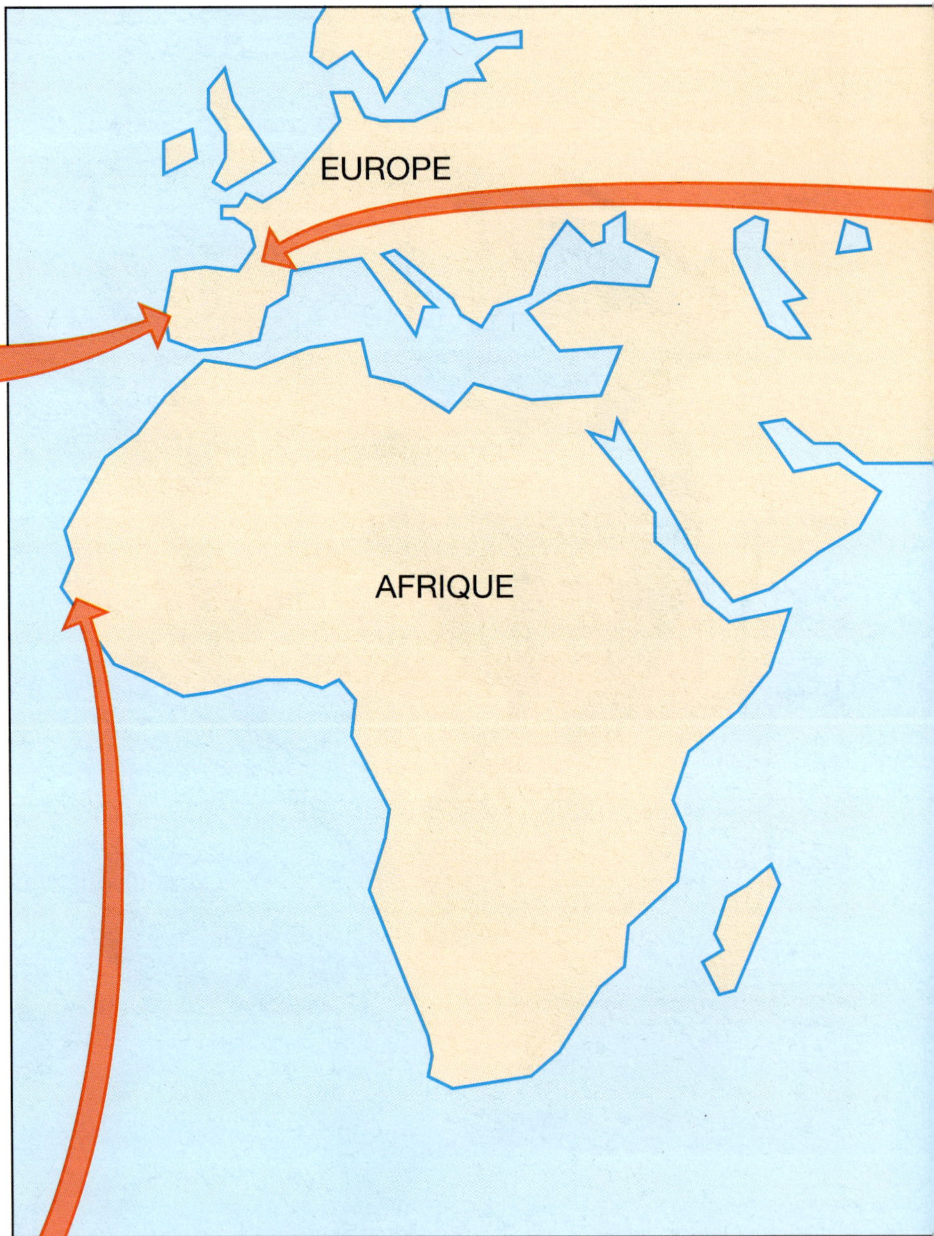

Bonjour, mon nom est Abdou. Je suis Africain. Je vis en Guinée. C'est à côté du Sénégal.

Bonjour ! Je suis Jérôme. Je suis né à Toulouse, dans le sud de la France. La France est en Europe.

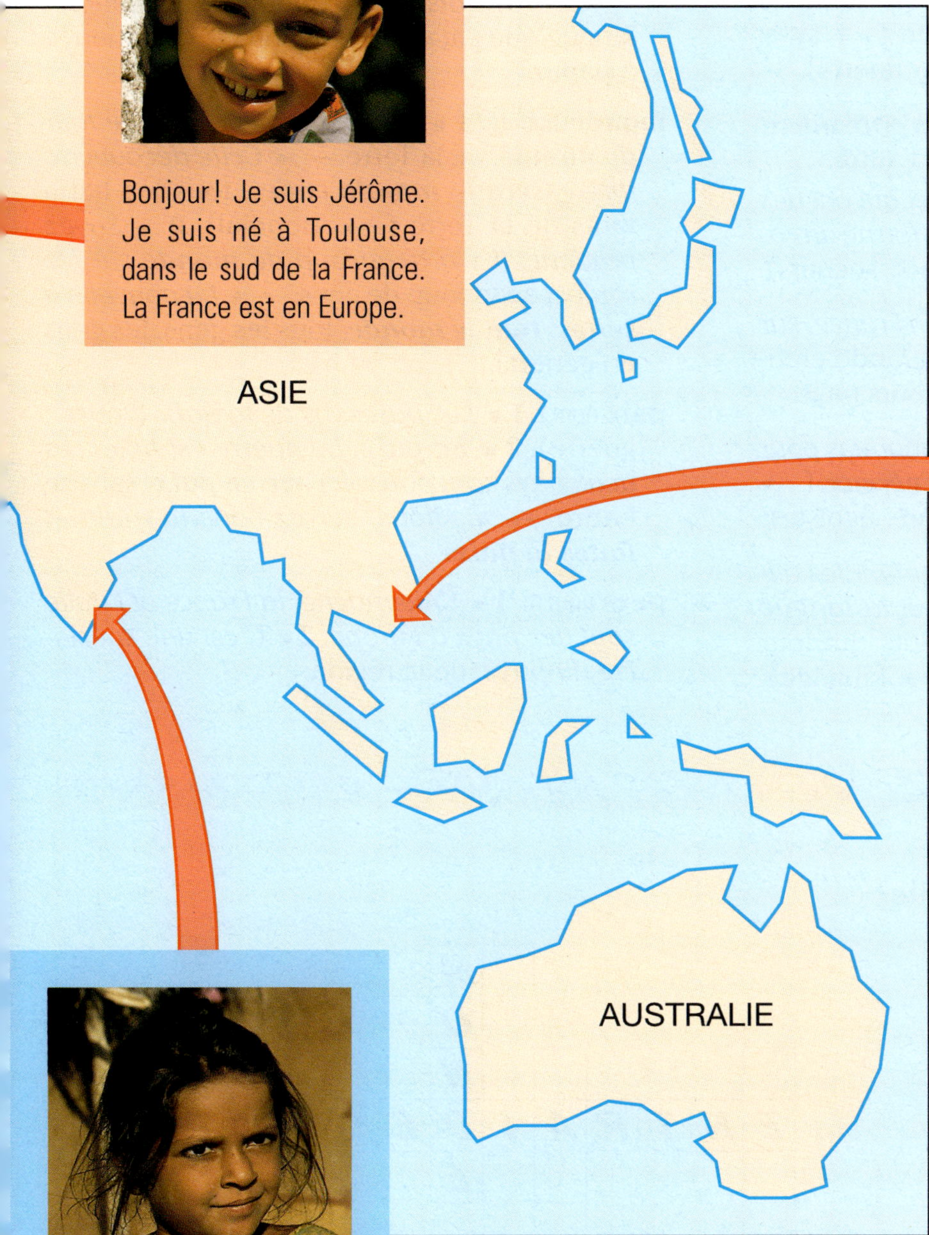

Moi, je suis Ly, je viens de Saïgon, au Viet-Nam. C'est en Asie. Là-bas, il pleut beaucoup.

Bonjour ! Je suis Indira. Je viens de Pondichéry, en Inde. C'est en Asie. Il fait très chaud dans mon pays.

QUESTIONS

1. Connais-tu des enfants qui viennent d'autres pays ?
2. Aimerais-tu vivre dans un autre pays ? Lequel ?

À TON TOUR

Présente-toi comme les enfants l'ont fait.

Les mots du thème

ami nom • *Isabelle a des **amis**,* des personnes qu'elle aime et qu'elle fréquente (→ SYN. : camarade, copain (fam.) ; CONTR. : ennemi).

s'entraider v. • *Serge et Michèle **s'entraident** dans leur travail*, ils s'aident l'un l'autre.

■ **entraide** nom f. • *Pour aider ceux qui ont des difficultés, les gens du quartier ont formé un comité d'**entraide*** (→ SYN. : assistance, secours).

continent nom m. • *Jérôme habite en France, sur le **continent** européen* : sur une grande étendue de terre qui rassemble plusieurs pays.

généreux adj. • *En donnant ses économies pour aider les réfugiés, Alain a été **généreux*** (→ SYN. : bon, charitable ; CONTR. : avare, égoïste).

langue nom f. **1** • *La **langue** sert à goûter les aliments et à parler.* **2** • *L'italien est la **langue** des Italiens*, l'ensemble des mots qui leur permet de parler entre eux (→ langage). — • *Le français est ma **langue maternelle***, la langue que j'ai apprise quand j'ai commencé à parler.

monde nom m. **1** • *Cet explorateur a fait le tour du **monde***, de la Terre. — • *Cette découverte intéressera le **monde** entier*, tous les habitants de la Terre (→ mondial). **2** • *Soyez prudent : il y a beaucoup de **monde** sur les routes*, beaucoup de gens. — • *La nouvelle a surpris **tout le monde***, tous les gens, les gens en général.

paix nom f. **1** • *Les partisans de la **paix*** (CONTR. : guerre). **2** • ***En paix.*** *La guerre est finie, ces deux pays vont pouvoir vivre **en paix***, sans se battre. — • *Allons, serrez-vous la main et **faites la paix**.*

pays nom m. **1** • *L'Allemagne, la France et l'Italie sont des **pays** d'Europe.* **2** • *C'est une spécialité du **pays***, de la région.

MOTS CROISÉS

Recopie la grille sur ton cahier. Complète-la avec les mots du thème.

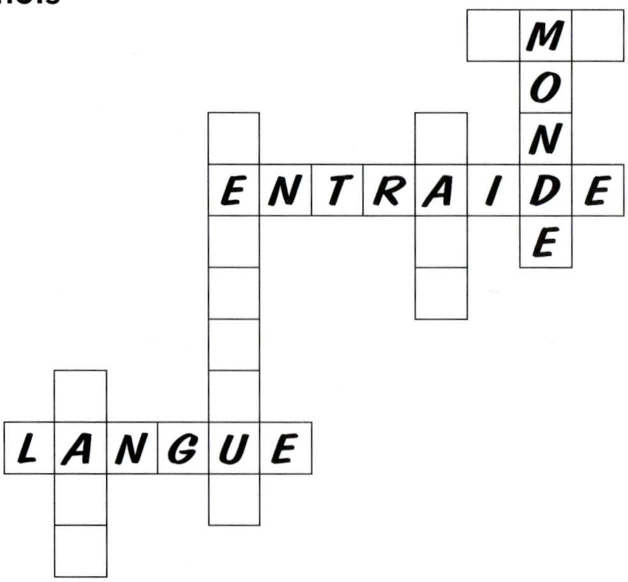

Des histoires extraordinaires

Brrr... j'en ai froid dans le dos !

Pages

C'est fantastique !

QUESTIONS

1. Qui parle en disant : « Je te lis » ? Et qui parle en disant : « Tu me lis » ?
2. Pourquoi, d'après toi, appelle-t-on cette bête « Malibête » ?

La bête Malibête

«Formulette» de Rico.
D.R.

L'Abominaffreux (1)

Autrefois, il y avait un Abominaffreux qui semait la terreur[1] dans tout le pays. Il vivait dans la boue du marais fumant. Il était abominable, affreux, visqueux[2], verdâtre. Il sentait le poisson pourri et la soupe aux choux.

On l'entendait arriver de loin à cause de ses gros pieds qui ébranlaient[3] le sol. Alors les gens se mettaient à trembler dans leurs pauvres cabanes. Ils se ratatinaient dans les coins. Ils claquaient des dents. Ils avaient les mains moites, les pieds glacés et les jambes molles. Ils avaient peur. Et cela leur donnait une délicieuse odeur qui mettait l'Abominaffreux en appétit.

– Hum !… ricanait-il, cela sent les chocottes, cela sent la pétoche, cela sent la trouille ! Cela me donne faim ! Alors, il raflait[4] les gens par poignées, les reniflait avec plaisir, puis il les dégustait en faisant craquer leurs os sous ses dents.

Il ne pouvait manger que des gens parfumés à la peur. Par exemple, s'il attrapait un homme qui n'avait pas eu l'occasion de trembler, d'avoir la frousse, la colique ou froid dans le dos, il ne lui trouvait aucun goût et perdait l'appétit.

1. la terreur : une très grande peur qui effraie tout le monde.

2. visqueux : à la fois collant et glissant.

3. ils ébranlaient : ils faisaient trembler.

4. il raflait : il prenait très vite.

Un jour, l'Abominaffreux dévora un village entier, ou presque. Il ne restait plus, dans une pauvre cabane, qu'un petit menuisier qui continuait à scier ses planches et à les clouer avec son marteau et ses clous. L'Abominaffreux s'approcha. Il saisit le petit bonhomme entre ses doigts et se prépara à l'avaler comme les autres. Mais, quand il l'eut reniflé, il fit une grimace affreuse.

– Pouah ! s'écria-t-il, celui-là ne sent rien, c'est dégoûtant ! En effet, le petit bonhomme ne sentait ni la trouille, ni les chocottes, ni la pétoche.
– Tu n'as donc pas peur ? demanda le monstre.
– Non, répondit le petit bonhomme. Je n'ai pas le temps ! J'ai trop de travail. Et il se remit à scier ses planches et à les clouer avec ses clous et son marteau.
L'Abominaffreux n'était pas content.
– C'est bon, dit-il, je vais bien trouver un moyen de lui faire peur.

Là-dessus, il tourna les talons en faisant trembler le sol. Mais il n'alla pas loin. Il s'arrêta en lisière[5] du village. Puis il revint tout doucement sur la pointe des pieds.
Le petit bonhomme, occupé à son travail, ne l'avait pas vu arriver. Alors, l'Abominaffreux prit une grande bouffée d'air et se mit à crier de toutes ses forces :
– OUaaaaaaaaaaaa !
Le petit bonhomme ne sursauta même pas.

5. en lisière :
en bordure, à la limite.

L'Abominaffreux (2)

– Ouaaaaaaaa toi-même, dit-il.
Et il reprit son travail.
Fâché, l'Abominaffreux chercha une autre idée pour faire peur au petit bonhomme. Il connaissait, dans un château en ruine, un vampire à grandes dents qui faisait si peur aux gens que, rien que d'y penser, ils en avaient les cheveux qui se dressaient sur la tête.

Il alla donc chercher le vampire, et le déposa devant le petit bonhomme.

– Hin, hin, hin ! ricana le vampire.

– Hin, hin, hin toi-même, répondit le petit bonhomme.
Et il piqua un clou dans la tête du vampire qui s'écroula, complètement cloué.

Agacé, l'Abominaffreux chercha une autre idée pour faire peur au petit bonhomme.
Il connaissait, dans la montagne, un ogre si terrifiant[1] que, rien que d'y penser, les gens en avaient la chair de poule[2]. Il alla donc chercher l'ogre et l'amena devant le petit bonhomme.

– Ah ! s'écria l'ogre, ça sent la chair fraîche !

– Chair fraîche toi-même, répondit le petit bonhomme.

Et il donna un grand coup de scie sur le doigt de pied du géant qui s'écroula, complètement scié. Alors, découragé, l'Abominaffreux tourna les talons en traînant ses gros pieds sur le sol et il s'effondra dans son marais fumant qui sentait le poisson pourri et la soupe aux choux. À cause du petit bonhomme qui n'avait jamais peur, il avait perdu l'appétit.
On le vit maigrir, diminuer, rétrécir[3], se ratatiner.
Et finalement, il s'enfonça dans la boue et disparut.

1. terrifiant : qui fait très peur.

2. la chair de poule : les poils de la peau qui se dressent à cause de la peur ou du froid.

3. rétrécir : devenir plus petit.

Depuis ce jour, on n'a pas revu un seul Abominaffreux dans le pays.
En revanche, le petit bonhomme rencontra une petite bonne femme qui n'avait jamais peur. Ils eurent des petits enfants qui n'avaient jamais peur, puis des petits-enfants. Et finalement, dans le pays, personne n'eut plus jamais peur.

Henriette Bichonnier,
Le Dernier des Abominaffreux, Rouge et Or.

QUESTIONS

1. À quoi voyait-on que les gens avaient peur de l'Abominaffreux ?
2. Pourquoi l'Abominaffreux ne mange-t-il pas le petit menuisier ?
3. Quels sont les deux autres monstres qui essaient aussi d'effrayer le petit menuisier ?

J'entends [ɑ̃] et je vois :

an	un géant terrifiant il demanda devant dans
en	les gens il prend entre ses dents finalement il s'enfonça
am	un vampire les jambes
em	Il tremblait. un exemple le temps

Attention en lisant !
la cabane – jamais
il reniflait – une femme

Je prononce comme il faut :
– en m'exclamant

Hum ! Ça sent la trouille !
Cela me donne faim !
Pouah ! que c'est dégoûtant !
Quel bonhomme tranquille et courageux !
Plus personne n'a peur !

– en interrogeant

Tu n'as donc pas peur ?
Entendez-vous venir l'Abominaffreux ?
Mangera-t-il le petit menuisier ?
Qui viendra aider le monstre ?
Est-ce que les enfants du menuisier ont peur ?

L'apostrophe

l~~e~~ ogre → l'ogre
l~~a~~ occasion → l'occasion
Il n~~e~~ a pas. → Il n'a pas.

MUSÉE DE SORCIÈRE

Le dragon

Pour se déplacer, la sorcière utilise le plus souvent un balai comme moyen de locomotion[1]. Il arrive aussi que dans les grandes occasions (fêtes, rassemblement de sorcières, Mardi gras), elle préfère sortir, perchée sur un dragon. C'est un peu moins pratique. Il faut toujours agiter quelque chose devant la gueule du dragon pour le tenir éveillé ! Mais c'est tellement plus original[2] !

Le corbeau

La sorcière n'a rien trouvé de mieux que de chiper[3] quelques plumes à son sombre compagnon, le corbeau. Il ne dit rien. Il est fier. Il sait que ses plumes sont bien meilleures que celles des oies, lorsqu'on veut inventer des recettes magiques.

La chauve-souris

Elle vit la tête en bas
et voit le monde à l'envers.
Elle n'aime pas le jour,
elle préfère la nuit.
C'est l'amie de la sorcière.
Vivre dans la poussière du grenier
ne la gêne pas.

L'araignée

La sorcière ne fait rien comme tout le monde. Elle laisse les araignées tisser leur toile sur les fenêtres de sa maison et confectionner[4] ainsi de jolis rideaux !

1. un moyen de locomotion : ce qu'on utilise pour se déplacer quand on ne marche pas.
2. original : curieux, étonnant.
3. chiper : prendre, voler.
4. confectionner : fabriquer, faire.

RECHERCHE

Dans des livres documentaires ou dans un dictionnaire, renseigne-toi sur l'araignée, la chauve-souris, le corbeau.

QUAND LES COSTUMES AVAIENT DES DENTS

Caza Bazzoli, *Le Caillou rouge et autres contes*, D.R.

...ET LES COSTUMES N'AVAIENT PLUS QU'À PÈCHER HABILEMENT
LES CEINTURES VÉNIMEUSES DRESSÉES POUR FRAPPER.
ÇA MORD !
LE SOIR, À LEUR RETOUR, LES COSTUMES FAISAIENT UN GRAND FESTIN DE CEINTURES GRILLÉES...
MIAM
HÉ OUI, ILS LES MANGEAIENT ! CAR, POUR SOUTENIR LES PANTALONS, RIEN NE VAUT LES BRETELLES !
CAZA 71
3

Pause

Fable

Le zébubus
Transportait
Noirs et Blancs
Indifféremment
Il croisa
Un crocomobile
Qui en faisait
Tout autant
et l'éléphanfare
Se mit à chanter
Que le monde
Était bien fait
Maintenant.

Joël Sadeler,

dans, *Mon Premier Livre de poèmes pour rire,*
Jacques Charpentreau,
Éd. Ouvrières.

La sorcière

La sorcière de Malines
Est tombée dans la bassine
Que le diable a préparée
Pour brûler la fée.
Le bon Dieu qui n'a rien vu
S'est assis dessus.
Voilà la sorcière étouffée
Sans que personne l'ait voulu
Dieu lui-même ni la fée
Ne l'ont su.
Le diable s'est encouru.
Lanturlu.
Cours après, petit bossu.

Maurice Carême
L'Arlequin,

Le gourmand

Une fois, le père envoya son fils chez le boucher :
« Va, achète-moi une tête de mouton ! »
Le garçon y alla, acheta la tête de mouton, mais, sur le chemin de retour, mangea toute la chair qu'il y avait sur cette tête et ne ramena à la maison qu'un crâne.
« Qu'est-ce que tu me ramènes là ? » se fâcha le père.
« C'est une tête de mouton. »
« Et où sont les yeux ? »
« Le mouton était aveugle. »
« Et où est la langue ? »
« Le mouton était muet. »
« Et où sont les oreilles ? »
« Le mouton était sourd. »
« Et où est la peau de cette tête ? »
« Le mouton était chauve. »

Contes africains, Gründ.

Un bœuf gris de la Chine,
Couché dans son étable,
Allonge son échine
Et dans le même instant
Un bœuf de l'Uruguay
Se retourne pour voir
Si quelqu'un a bougé.
Vole sur l'un et l'autre
À travers jour et nuit
L'oiseau qui fait sans bruit
Le tour de la planète
Et jamais ne la touche
Et jamais ne s'arrête.

Jules Supervielle,
Le Forçat innocent, Gallimard.

Il ne faut pas trembler
devant un dragon
affreux, fumant, crachant
et qui avance
sous ton crayon,
sinon on le rate.

Georges Kolebka,
Petits Poèmes pour petites pattes, Hatier.

Le chêne de l'Ogre
(1)

Que mon conte soit beau et se déroule comme un long fil.

L'on raconte qu'aux temps anciens il était un pauvre vieux qui s'entêtait à vivre et à attendre la mort tout seul dans sa masure[1]. Il habitait en dehors du village. […]

Il était paralysé[2]. On lui avait traîné son lit près de la porte, et cette porte, il en tirait la targette[3] à l'aide d'un fil. Or ce vieux avait une petite-fille […] qui lui apportait tous les jours son déjeuner et son dîner. Aïcha venait de l'autre bout du village, envoyée par ses parents […].
La fillette, portant une galette et un plat de couscous, chantonnait à peine arrivée :
– Ouvre-moi la porte, ô mon père Inoubba ! […]

Et le grand-père répondait :
– Fais sonner tes petits bracelets, ô Aïcha ma fille !
La fillette heurtait l'un contre l'autre ses bracelets et il tirait la targette. Aïcha entrait, balayait la masure, aérait le lit. Puis elle servait au vieillard son repas, lui versait à boire.
Après s'être longuement attardée près de lui, elle s'en retournait, le laissant calme et sur le point de s'endormir. […]

1. **une masure :** une vieille maison en mauvais état.
2. **paralysé :** qui ne peut pas marcher ni bouger.
3. **une targette :** un petit verrou.

L'aïeul[4] aimait beaucoup à la voir venir.
Mais un jour, l'Ogre aperçut l'enfant. Il la suivit en cachette jusqu'à la masure et l'entendit chantonner :
– Ouvre-moi la porte, ô mon père Inoubba ! [...]

Il entendit le vieillard répondre :
– Fais sonner tes petits bracelets, ô Aïcha ma fille !
L'Ogre se dit : « J'ai compris. Demain je reviendrai, je répéterai les mots de la petite-fille, il m'ouvrira et je le mangerai ! »
Le lendemain, peu avant que n'arrive la fillette, l'Ogre se présenta devant la masure et dit de sa grosse voix :
– Ouvre-moi la porte, ô mon père Inoubba ! [...]
– Sauve-toi, maudit ! lui répondit le vieux. Crois-tu que je ne te reconnaisse pas ?

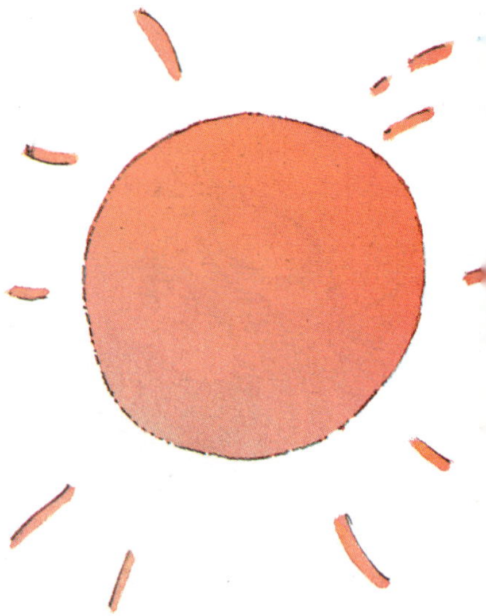

L'Ogre revint à plusieurs reprises, mais le vieillard, chaque fois, devinait qui il était. L'Ogre s'en alla finalement trouver le sorcier.
– Voici, lui dit-il, il y a un vieil impotent[5] qui habite hors du village. Il ne veut pas m'ouvrir parce que ma grosse voix me trahit. Indique-moi le moyen d'avoir une voix aussi fine, aussi claire que celle de sa petite-fille.
Le sorcier répondit :
– Va, enduis-toi la gorge de miel et allonge-toi par terre au soleil, la bouche grande ouverte. Des fourmis y entreront et râcleront ta gorge. Mais ce n'est pas en un jour que ta voix s'éclaircira et s'affinera !

4. l'aïeul : le grand-père.
5. impotent : qui ne peut pas marcher ni bouger (SYNONYME : paralysé).

Le chêne de l'Ogre

(2)

L'Ogre fit ce que lui recommandait[1] le sorcier : il acheta du miel, s'en remplit la gorge et alla s'étendre au soleil, la bouche ouverte. Une armée de fourmis entra dans sa gorge. [...]

Le quatrième jour, sa voix fut aussi fine, aussi claire que celle de la fillette. L'Ogre se rendit alors chez le vieillard et chantonna devant sa masure :

– Ouvre-moi la porte, ô mon père Inoubba !

– Fais sonner tes petits bracelets, ô Aïcha ma fille ! répondit l'aïeul.

L'Ogre s'était muni d'une chaîne : il la fit tinter. La porte s'ouvrit. L'Ogre entra et dévora le pauvre vieux. Et puis il revêtit ses habits, prit sa place et attendit la petite fille pour la dévorer aussi. Elle vint. Mais elle remarqua, dès qu'elle fut devant la masure, que du sang coulait sous la porte. Elle se dit : « Qu'est-il arrivé à mon grand-père ? » Elle verrouilla[2] la porte de l'extérieur et chantonna :

– Ouvre-moi la porte, ô mon père Inoubba !

QUESTIONS

1. Comment Inoubba reconnaît-il qu'Aïcha est à la porte ?
2. Pourquoi, lors de sa première visite, l'Ogre est-il rapidement reconnu par le grand-père ?
3. Pourquoi a-t-on appelé ce chêne, « le chêne de l'Ogre » ?
4. Cette histoire te fait-elle penser à un autre conte ? Lequel ?

1. il lui recommandait : il lui conseillait.

2. elle verrouilla : elle ferma.

L'Ogre répondit de sa voix fine et claire :
– Fais sonner tes petits bracelets, ô Aïcha ma fille !

La fillette qui ne reconnut pas dans cette voix celle de son grand-père, posa sur le chemin la galette et le plat de couscous qu'elle tenait, et courut au village alerter ses parents.
– L'Ogre a mangé mon grand-père, leur annonça-t-elle en pleurant. J'ai fermé sur lui la porte. Et maintenant qu'allons-nous faire ?

Le père fit crier la nouvelle[3] sur la place publique. Alors, chaque famille offrit un fagot[4] et des hommes accoururent de tous côtés pour porter ces fagots jusqu'à la masure et y mettre le feu. L'Ogre essaya vainement de fuir. Il pesa de toute sa force sur la porte qui résista. C'est ainsi qu'il brûla.

L'année suivante, à l'endroit même où l'Ogre fut brûlé, un chêne s'élança. On l'appela le « chêne de l'Ogre ». Depuis, on le montre aux passants. Mon conte est comme un ruisseau, je l'ai conté à des Seigneurs.

Taos Amrouche, *Le Grain magique*, Maspero/La découverte.

3. la nouvelle : ce qui vient d'arriver (une bonne ou une mauvaise nouvelle).

4. un fagot : des petites branches de bois attachées ensemble.

Je remarque les différents accents et je fais attention à la prononciation.

´	`	^	¨
il était paralysé	après	il s'entêtait	Aïcha
le déjeuner	mon père	on avait traîné	l'aïeul
il le dévora	quatrième	être	du maïs
elle aérait	près de la porte	la chaîne	égoïste
une armée	dès qu'elle fut là	un chêne	un caïman

Je sais quel est le mot remplacé par il, elle, ou bien le, la, les.

L'Ogre aperçut Aïcha ; **il la** suivit en cachette.
La fillette secoue ses bracelets et **elle les** fait tinter.
L'Ogre a une voix très fine et le grand-père ne **le** reconnaît pas.

REVUE DE

♥♥♥ à lire

♥♥ nous avons aimé

♥ à découvrir

Des livres pour le plaisir de lire

♥♥

Chez Hachette, dans la collection CADOU, voici l'histoire de François, un petit garçon qui construit un château de sable sur la plage. Il en devient le roi, y installe un crabe et ses jouets. Grâce à une étoile magique, il rétrécit[1] et part vivre dans son château. C'est alors que tous les ennuis commencent…

Jacques Cassabois, ill. Michel Boucher,
Le château fort de François,
coll. « Cadou » ; Hachette.

♥

Une très jolie collection pour découvrir la vie des animaux. Voici la tortue de mer ! À la nuit tombée, elle va pondre ses œufs dans le sable. Dès leur naissance, les petits se précipitent vers la mer. Une aventure émouvante[2] !

Cousteau, *Tortues*,
Hachette.

♥♥

Chez Gautier Languereau, un bel album avec des illustrations de Myriam Deru. Il nous présente un loup qui s'ennuyait beaucoup. « Je ne suis plus méchant » ! s'écriait-il. Il met les habits de la grand-mère du Petit Chaperon rouge dévorée, il y a bien longtemps et s'en va rendre visite aux trois petits cochons. Tiendra-t-il parole ?

Paule Alen, ill. Myriam Deru,
Le méchant loup, éd. Gautier Languereau.

PRESSE

♥♥♥

Chez Grasset Jeunesse, une aventure de Giovanna et Gros-Thomas, en bande dessinée.
Les parents de Giovanna partent au cinéma. Restée seule avec Patounet, son chien, Giovanna se couche. Elle s'endort et se met à rêver. Son rêve la transporte au Moyen Âge où elle retrouve Gros-Thomas, un dragon qui devient l'ami de ses rêves.
Une histoire très animée[3] pour Giovanna, Patounet et Gros-Thomas.

Cristina Lastrego et Francesco Testa,
Giovanna et Gros-Thomas
éd. Grasset Jeunesse.

♥♥

Lorsque l'hiver arrive, Madame Bouillote, la marmotte, s'apprête à passer la saison bien au chaud, sous son édredon. Mais qui sonne à la porte de Madame Bouillote ? C'est une histoire charmante, à lire le soir avant d'aller dormir !

Simone Schmitzberger, ill. Volker Theinhardt
Bonne nuit, marmottes !
coll. « Les Belles Histoires », Bayard Poche.

QUESTIONS

1. Sur quoi nous renseigne chacun des paragraphes ?
2. Quel livre voudrais-tu lire ? Pourquoi ?

1. rétrécir :
devenir plus petit.

2. émouvante :
attendrissante et impressionnante.

3. très animée :
où il se passe beaucoup de choses.

maquillages

DES MAQUILLAGES DE THÉÂTRE

Clown

Dragon

MATÉRIEL :

- un crayon à sourcils noir ;
- un pot de crème (de type Nivéa) ;
- quatre pots de crème de maquillage (rouge, vert, bleu et jaune) ;
- du jus de betterave ;
- un morceau de charbon ;
- un pinceau.

COMMENT SE MAQUILLER :

A. Enduis ton visage de crème Nivéa, en appliquant une couche régulière.

B. Observe bien le modèle de masque que tu as choisi (voir les illustrations).

C. Trace les contours des dessins du masque avec le crayon à sourcils, en suivant le modèle.

D. Ensuite, passe les couleurs choisies, une par une, avec un pinceau. Attention : respecte bien les contours dessinés avec le crayon à sourcils !

QUELQUES CONSEILS :

Il faut toujours utiliser de très bons produits, qui ne sont pas nécessairement les plus chers.

Il ne faut jamais se peindre le visage au feutre ou avec des gouaches, même de la gouache à doigt ! En revanche, il y a des recettes[1] pour quelques couleurs :

■ **Pour obtenir du blanc :** prends une bonne couche de crème un peu grasse, (de type Nivéa) et plusieurs couches de talc appliquées avec les doigts.

pour jouer

Ogre

Printemps

■ **Pour un rouge à joues léger :** prépare un jus de betterave rouge.

■ **Pour du noir :** utilise du charbon de bois (uniquement sur une peau bien saine, sans égratignure ni boutons).

■ **Pour dessiner des traits fins :** les crayons à sourcils (le noir surtout) sont bien plus précis et plus pratiques[2] que les bâtonnets de maquillage.

(D'après *Jeunes Années Magazine* n° 135 bis, *Spécial fêtes*, juin 1980).

1. des recettes :
des manières de faire.

2. pratiques :
commodes, faciles à utiliser.

QUESTIONS

1. Pourquoi est-il préférable de ne pas utiliser des feutres ou des gouaches pour se maquiller ?
2. Ce texte sur les maquillages est-il :
   – une histoire ;
   – une règle de jeu ;
   – une fiche technique ?

À TON TOUR

Invente un maquillage pour un sorcier et dessine-le sur une feuille.

Les mots du thème

fantastique adj. **1** • *Il a eu des aventures **fantastiques***, extraordinaires, merveilleuses, incroyables. **2** • *Cette histoire est un conte **fantastique***, dans lequel tout est inventé avec beaucoup d'imagination.

fée nom f. • *Que ferais-tu avec ta baguette magique si tu étais une **fée** ?*, une personne imaginaire qui a des pouvoirs magiques, une magicienne. — • *« Cendrillon » est un conte de **fées**.*

magie nom f. • *Il a dit : « abracadabra », et la pièce de 5 francs a disparu : crois-tu que ce soit de la **magie** ?*, l'art de faire des choses extraordinaires, en se servant de gestes et de paroles mystérieuses.

magicien nom m. • *D'un geste, le **magicien** a transformé l'éléphant en souris*, celui qui fait des tours de magie. ⋆ Chercher aussi : enchanteur, fakir, fée, prestidigitateur.

monstre nom m. **1** • *Dans cette légende, le trésor est gardé par un **monstre***, un animal imaginaire qui fait peur. **2** • *Ce mouton né avec trois pattes est un **monstre***, un animal qui n'est pas normal.

ogre, ogresse nom. Géant de conte de fées, qui mange les enfants. • *Le Petit Poucet a réussi à échapper à l'**ogre**.*

sorcier nom m. • *Dans les contes de fées, la **sorcière** est toujours une femme laide et méchante*, une personne qui prétend avoir des pouvoirs magiques, savoir jeter des sorts.

vampire nom m. **1** • *J'ai vu un film d'horreur où il était question de **vampires***, des fantômes qui boivent le sang de leurs victimes. **2** • Chauve-souris d'Amérique du Sud qui suce le sang d'autres animaux.

MOTS CROISÉS

Recopie la grille sur ton cahier. Complète-la avec les mots du thème.

Les hommes d'autrefois

Le temps passé.

IL Y A BIEN LONGTEMPS...

DORDOGNE - Périgord Noir

Vallée de la Vézère
TURSAC - 24620 LES EYZIES

PREHISTO-PARC

QUESTIONS

1. Quel animal ces hommes essaient-ils de tuer ?
2. Comment l'ont-ils attrapé ?

SCÈNES DE LA VIE DES HOMMES DE NÉANDERTAL ET DE CRO-MAGNON

ouvert

du 1er mars au 30 avril • 9 à 12 heures et 14 à 18 heures
du 1er mai au 30 septembre • 9 à 19 heures (sans interruption)
du 1er octobre au 30 novembre • 9 à 12 heures et de 14 à 18 heures

Tél. : 53.50.73.19

La vie privée des hommes

jeunesse

Au temps des chevaliers et des châteaux forts

1250-1350! Les premières bombardes ■ Des loups dans les villes ■ Les bâtisseurs de cathédrales ■ Le fracas des tournois ■ etc.

3. D'où vient cette troupe de chevaliers ?
4. Qui peut être le personnage à cheval, au premier plan de l'image ?

Le cheval-fée

(1)

Un épisode de la légende des quatre fils Aymon.

Chassés par Charlemagne qui avait détruit leur château, Renaut, Allart, Guichart et Richard, les quatre fils du duc Aymon ont fui. Mais, quelques années plus tard, poussé par Maugis l'enchanteur, Renaut décide de participer à une course de chevaux organisée à Paris par l'empereur. Bayart, le cheval-fée porte les quatre frères à la fois.

Près de la grande ville, Renaut et Maugis s'arrêtèrent dans un bois, afin de prendre des mesures pour ne pas être reconnus. Bayart surtout ne ressemblait à aucun autre cheval et il était indispensable de changer son aspect. Choisissant des herbes particulières, Maugis se mit à frotter le cheval avec vigueur[1].

Bayart avait le poil marron ; mais, à mesure que Maugis le frottait, chaque place touchée devenait aussi blanche que la neige. On changea alors le nom de Bayart en celui de Blanchet.

– Ce n'est pas assez, dit Maugis, il nous le faut boiteux. Il attacha autour de la patte du cheval une petite ficelle qu'on ne pouvait apercevoir, de manière à le faire boiter un peu.

– Parfait, dit Maugis, après avoir changé de même la couleur de sa barbe et de ses cheveux et celle de la barbe et des cheveux de Renaut ; nous voilà prêts pour la course.

1. avec vigueur : avec force.

Ils se mirent en marche. Tout le long du chemin, les gens se retournaient en riant.

– Beau cheval boiteux ! disaient-ils, le gagnant de la course, pour sûr ! Eh ! Compère ! parie pour lui !

Ainsi, au milieu des moqueries, nos deux voyageurs entrèrent dans Paris et cherchèrent un logis[2]. Ils mirent Bayart dans l'écurie, et décidèrent de se reposer avant la course dont les préparatifs étaient terminés.

Dans la prairie se dressaient la tribune[3] de l'empereur et celles des dames et des chevaliers. Les côtés étaient réservés au peuple. En face du siège qu'il devait occuper, l'empereur avait fait marquer le point d'arrivée de très belle façon : au sommet du poteau, il avait fait placer sa propre couronne. Au-dessous, sur une large table, était étalé le prix de la course : dix mille pièces d'or et un magnifique manteau de velours brodé.

La course promettait d'être belle !

2. un logis :
un endroit pour habiter, pour passer la nuit.

3. une tribune :
une construction en hauteur pour mieux voir un spectacle.

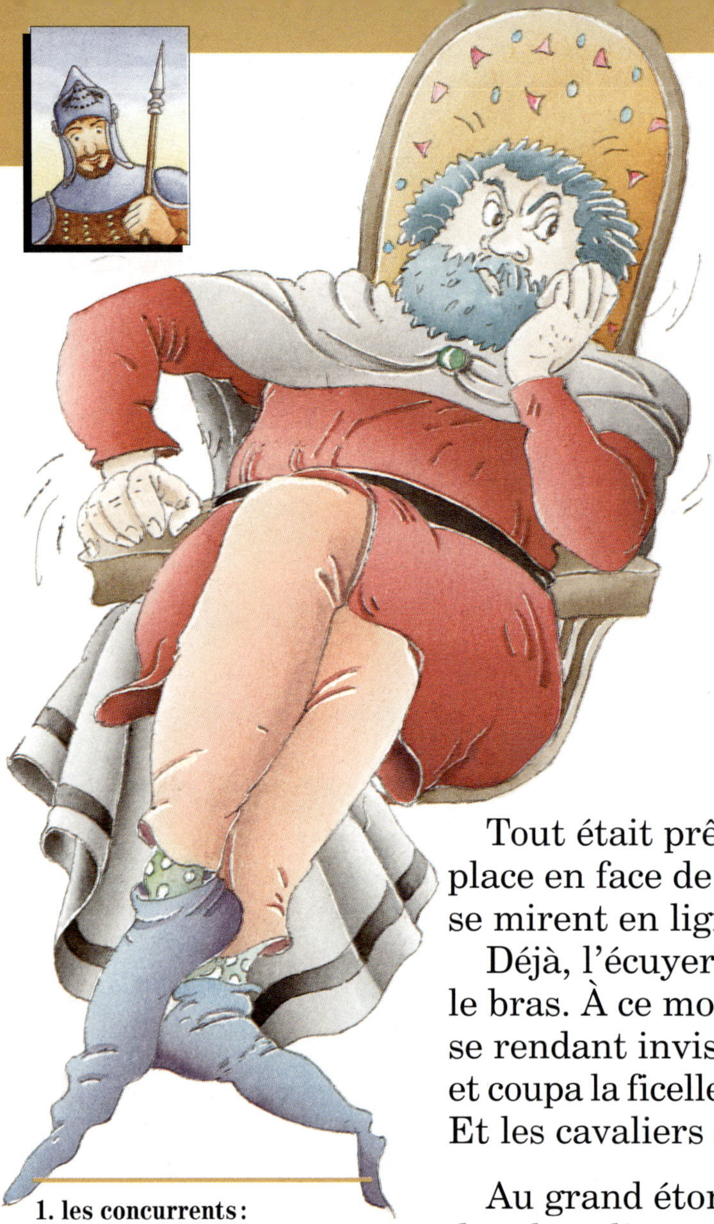

Le cheval-fée (2)

Renaut et Maugis se rendirent près de la Seine, sur le champ de course de l'empereur. Sur leur passage, ce n'était qu'éclats de rires et plaisanteries à la vue du pauvre cheval boiteux.

– Le gagnant !... Voilà sûrement le gagnant !... répétait-on. Hé ! Blanchet, les dix mille pièces d'or sont à toi !

Tout était prêt pour la course. Charlemagne prit place en face de sa couronne. Tous les concurrents[1] se mirent en ligne et on attendit le signal.

Déjà, l'écuyer[2] chargé de donner le départ levait le bras. À ce moment, Maugis l'enchanteur, se rendant invisible durant une seconde, se baissa et coupa la ficelle qu'il avait nouée à la patte de Bayart... Et les cavaliers s'élancèrent au galop.

Au grand étonnement de Charlemagne, des chevaliers et du peuple, en quelques foulées[3], le pauvre cheval boiteux prit de l'avance sur les autres. Ses sabots semblaient n'avoir même pas le temps de toucher le sol ; c'était un vol plutôt qu'un galop. Bien vite, très facilement, la course de l'empereur fut gagnée par le mystérieux cheval blanc.

1. les concurrents : ceux qui participent à la course.

2. l'écuyer : celui qui est au service d'un chevalier.

3. en quelques foulées : en quelques pas ou mouvements de galop.

QUESTIONS

1. Que fait Maugis l'enchanteur pour qu'on ne reconnaisse pas le cheval ?
2. Quel est le prix de la course ?
3. Au lieu de prendre le prix de la course, que prend Renaut ?

– Meilleure bête que je le croyais, murmura Charlemagne à peine revenu de sa surprise. Je la veux pour mon écurie ; je l'achèterai à son propriétaire.

Fièrement dressé sur Bayart, Renaut se tenait devant le poteau d'arrivée, toujours surmonté de la couronne impériale.

– Chevalier, lui cria l'empereur, vous avez gagné le prix ; les dix mille pièces d'or et le manteau de velours brodé sont à vous.

– Je n'en ai que faire, cria Renaut d'une voix terrible, la couronne me suffit.

Et, comme il venait de dire cela, il arracha la couronne du poteau et la mit sous son bras.

Tournant le dos à l'empereur, Renaut et Maugis disparurent au galop, emportant la couronne.

– Arrêtez-les ! criait Charlemagne.

Mais les deux fugitifs étaient déjà loin.

d'après Gailly de Taurines,
Les Quatre Fils Aymon, Éd. de l'Écureuil.

Attention aux lettres « s » et « c »

la course	une mesure	il ressemblait	la ficelle	indispensable
un siège	se reposer	assez	en place	son aspect
le sommet	réservés	un passage	des pièces	mystérieux
une seconde	invisible	il baissa	il avance	ils disparurent

La phrase renversée

Quel beau cheval boiteux ! disaient les gens.
Dans la prairie se dressaient des tribunes.
Sur une large table était étalé le prix de la course.
Sur la piste, à toute vitesse, arrivait Bayart.
Droit devant le poteau d'arrivée se tenait Renaut.

UN FESTIN GAULOIS

À table, pour le repas du soir

De grands éclats de voix[1] s'élèvent de la maison : c'est l'heure du repas du soir, le seul pour lequel les Gaulois se mettent à table.

On mange assis…

Les Romains ont l'habitude de manger couchés, mais ici, en Gaule, tous mangent assis sur des tabourets.

… et avec les doigts.

Les Gaulois mangent le plus souvent sans couverts, avec leurs doigts : ils connaissent la cuiller, mais, ni le couteau, ni la fourchette.

La viande est le plat principal.

Sur la table, des plats fument. Des légumes, du chou, des oignons, un grand chaudron[2] rempli de boudin et de morceaux de porc.

Il y a aussi des fromages, un plat de pommes cuites, et de grandes miches[3] de pain blanc. Tout près d'eux, les dîneurs ont des tonneaux remplis d'une sorte de bière, la cervoise.

Antoine Sabbagh, Yves Beaujard,
L'Histoire des gens,
Nathan.

1. des éclats de voix :
lorsque, par moment, les gens parlent très fort.

2. un chaudron :
une sorte de grande marmite en métal, avec une anse, dans laquelle on fait cuire les aliments.

3. des miches :
de gros pains ronds.

QUESTIONS

1. Pour quel repas les Gaulois se mettent-ils à table ?
2. Quel est le plat principal du repas ?
3. De quelle façon mangent les Gaulois ?

RECHERCHE, dans des livres, comment se nourrissaient les hommes préhistoriques. (Va dans la B.C.D. ou une bibliothèque.)

GUILLAUME LE MARÉCHAL

Georges Duby, J.M. Ruffieux, *Guillaume Le Maréchal*, D.R.

ET C'EST LE PREMIER TOURNOI, À NEUFCHÂTEL-EN-BRAY.
TIRE-TOI ARRIÈRE, GUILLAUME ! NE SOIS PAS SI PRIMESAUTIER, LAISSE PASSER LES CHEVALIERS !
MAIS, JE SUIS CHEVALIER !
...ET JE VAIS LE PROUVER... SUS AUX FLAMANDS !
OH ! REGARDEZ CE JEUNE CHEVALIER ! QUELLE IMPÉTUOSITÉ !
IL AFFRONTE LES SERGENTS... DIABLE ! CE SONT LES PLUS DANGEREUX !
ILS L'ATTAQUENT À PLUSIEURS !... MAIS IL SE DÉFEND BIEN !
IL EST ACCROCHÉ PAR L'ÉPAULE !... ON CHERCHE À LE DÉSARÇONNER !...
KRAK
IL N'EST PAS TOMBÉ DE CHEVAL !
HOOO !... SON DESTRIER EST BLESSÉ À MORT !
4

Pause

François Premier,
À Marignan,
Prit son panier
Et mit dedans
Trois soldats blonds
Trois soldats bleus.
Il fit un rond,
Y mit le feu.
Bonjour soldats !
C'est moi François,
C'est moi le Roi !

Jean-Claude Busch,
dans *Mon Premier Livre de comptines*,
coll. « Enfance heureuse », Éd. Ouvrières.

Les deux enfants de roi

Il était deux enfants de roi
Que séparaient les eaux profondes ;
Et rien là-bas, qu'un pont de bois,
Là-bas, très loin, au bout du monde.

Ils s'aimèrent. Sait-on pourquoi ?
Parce que l'eau coulait profonde,
Et qu'il était, le pont de bois
Si loin, là-bas, au bout du monde.

Émile Verhaeren,
Trésor de la poésie française,
G. Bouquet, P. Menanteau, Sudel.

Le grand soldat…

Le Grand Soldat
qui avait bouté l'Ennemi
hors de la chocolaterie
prit le Petit Roi
dans ses bras…
Et le Petit Roi
épingla sur la poitrine
du Grand Soldat
une médaille en chocolat…

Marjan,
dans, Jacques Charpentreau,
*Mon Premier Livre
de poèmes pour rire*,
coll. « Enfance heureuse »,
Éd. Ouvrières.

Charlemagne
Roi d'Espagne
A battu sa femme
À grands coups de canne.
La canne a cassé
Charlemagne n'a pas gagné.

Jean-Claude Busch,

dans, J. Charpentreau, *Mon Premier Livre de comptines*, coll. « Enfance heureuse », Éd. Ouvrières.

Dagobert

Par deux fois le roi Dagobert
A mis sa culotte à l'envers…

À la seconde le bon roi
Avait sa culotte à l'endroit.

Jean-Luc Moreau,
L'Arbre perché, Éd. Ouvrières, 1980.

Henri IV

Henri quatre
Voulait s'battre,
Henri trois
N'voulait pas.
Henri deux
N'demandait pas mieux,
Henri un
Ne disait rien.

dans, Simonne Charpentreau, *Le livre d'or de la chanson enfantine*, Éd. Ouvrières.

Le bois sacré (1)

Brismuca vit près d'Avaricum (la ville qui s'appelle Bourges, aujourd'hui), en 60 avant Jésus-Christ, quelques années avant que les Romains arrivent en Gaule. Fille de paysans, elle travaille avec ses parents. À travers champs et forêts, elle rencontre chasseurs, paysans, druides et artisans.

Brismuca a pénétré dans la forêt quand soudain elle entend un bruit de cavalcade, de branches brisées, d'aboiements. Le fracas s'amplifie[1] et brusquement, elle voit surgir devant elle une horde[2] de sangliers noirs poursuivis par des chiens et des cavaliers. Brismuca n'a que le temps de se coller contre un chêne pour éviter d'être piétinée par la monture[3] d'un chasseur. Le cheval a fait un violent écart devant un sanglier qui s'est écroulé, tué net, une lance plantée dans le dos.

Brismuca reste, un long moment, abasourdie[4] par les hurlements des cavaliers et les aboiements des chiens. Elle ne s'habitue toujours pas à ces scènes de chasse dans la forêt. Le travail des bûcherons lui paraît plus rassurant.

Tout au long de l'année, elle les voit abattre des arbres, qui servent pour la construction des remparts[5] et la charpente des maisons.

1. il s'amplifie : il augmente.

2. une horde : une troupe, un groupe.

3. la monture : ici, le cheval.

4. abasourdie : étourdie par un grand bruit.

5. des remparts : des murs hauts pour se protéger.

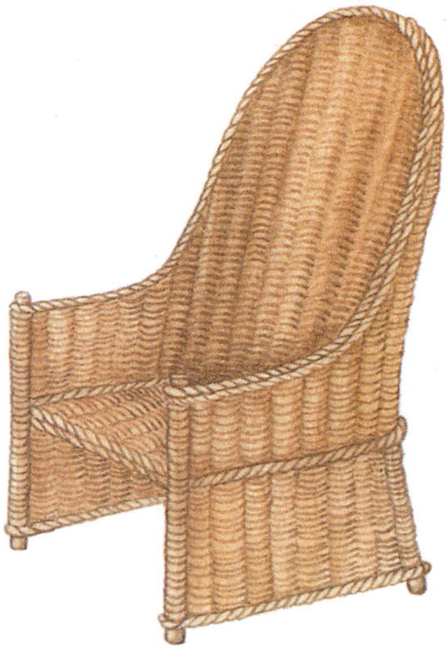

Avec le bois, les Gaulois fabriquent presque tous les objets de la vie quotidienne : manches d'outils, seaux, tables, sièges.
Les artisans les plus habiles l'utilisent pour faire des charrettes, dont certaines sont si grandes et si bien aménagées qu'elles peuvent servir d'habitations ambulantes[6]. Ils construisent aussi des barques pour les rivières et des navires pour la haute mer. [...]

Brismuca entend le choc sourd des haches sur les troncs qui tombent ensuite dans un fracas épouvantable. Elle croise les équipes de bûcherons qui déplacent les arbres abattus avant de les scier. [...]

6. des habitations ambulantes :
des habitations que l'on peut déplacer comme des caravanes.

Le bois sacré (2)

Arrivée dans une clairière, au centre de la forêt, Brismuca s'éloigne du sentier. Elle se dirige vers une source[1] au bord de laquelle elle a coutume de se recueillir[2] à chacune de ses promenades. Comme tous les Gaulois, elle croit que les sources ont de grands pouvoirs. Sa mère lui a appris que lorsque l'on souffre, il suffit de déposer près de l'eau un objet de bois représentant la partie du corps qui est malade. Les abords de la source sont ainsi parsemés de petites sculptures de jambes, de bras, de têtes. […]

Aujourd'hui, Brismuca s'approche avec un plus grand respect[3] que d'habitude : elle vient d'apercevoir un druide et ses élèves, assemblés près de l'eau. Il explique, à voix haute, ce qui doit guider la vie

1. une source :
un endroit où l'eau sort de terre.

2. se recueillir :
prier en silence.

3. avec respect :
avec politesse et attention.

4. le savoir :
tout ce que l'on sait.

5. le gui :
une plante aux boules blanches et aux feuilles toujours vertes, qui pousse sur des arbres.

6. un arbre sacré :
un arbre qui a une grande valeur dans la religion gauloise.

des hommes libres : être brave, honorer les dieux, fuir les mauvaises actions. […]

Chez les Gaulois, les druides sont les personnages les plus importants. Même les chefs et les guerriers les écoutent, car ce sont des hommes très savants. […] Tous leurs secrets, tout leur savoir[4] se transmettent par la parole car la langue gauloise ne s'écrit pas. […]

Brismuca est restée longtemps à observer les élèves et leur druide. Elle le connaît bien, elle a déjà vu plus d'une fois son beau visage encadré d'une barbe blanche. La dernière, c'était lors d'une grande cérémonie. Un bûcheron avait découvert du gui[5] sur un chêne. Or, le gui pousse très rarement sur les chênes, arbres sacrés[6] des Gaulois. Le bûcheron avait prévenu le druide. Le druide était monté dans l'arbre et avait coupé le gui avec une serpe d'or. Après la cueillette, pour fêter l'événement, un grand banquet avait eu lieu. […].

Françoise Lebrun, Ginette Hoffman, *Au temps des Gaulois*, coll. « Des enfants dans l'histoire », Casterman.

QUESTIONS

1. Pourquoi les chefs et les guerriers écoutent-ils les druides ?
2. Les Gaulois pensaient que les sources ont un pouvoir. Lequel ?
3. Comment les druides cueillaient-ils le gui ?

Attention aux mots qui se terminent par le son [wa].

moi	le bois	un endroit	le froid	je vois
toi	une fois	le toit	un doigt	tu vois
pourquoi	un Gaulois	droit	la joie	elle voit
le roi	parfois	maladroit	ta voix	il doit
un tournoi	un mois	étroit	la voie	

Lis chaque phrase de la première colonne. Puis, construis une nouvelle phrase en employant les mots de la deuxième colonne.

Le gui pousse **rarement** sur les chênes.	**souvent – toujours**
Les Gaulois utilisent **beaucoup** de bois.	**peu – énormément**
Des sangliers passent **brusquement**.	**vite – doucement**
Brismuca rentre **tôt** à la maison.	**tard**
Le druide parle **lentement**.	**rapidement**

LA RÉPUBLIQUE

DE SEINE-ET-MARNE ☏ 64.87.50.00

PLEINS FEUX

SAMEDI 12, DIMANCHE 13 JUIN

Fête médiévale de Provins

Deux nouveautés cette année pour ces jours de fête médiévale[1] : le numéro des rapaces[2] en vol libre et le spectacle de son et lumière. Et la ville-haute s'ouvrira, comme l'an dernier, aux animations de rues, au marché médiéval, aux expositions, tandis qu'au pied des remparts monteront les clameurs[3] saluant les tournois[4] de chevaliers. Pour quelques heures, vous pourrez vivre comme au Moyen Âge.

1. médiévale :
qui est de l'époque du Moyen Âge.

2. les rapaces :
les oiseaux tels que l'aigle, le faucon, le vautour.

3. des clameurs :
des cris de joie (ou de colère).

4. un tournoi :
au Moyen Âge, c'est un combat à cheval entre deux chevaliers.

LE PETIT JOURNAL D'ASTRAPI

Des bisons sous la mer !

Un plongeur sous-marin a découvert, par hasard, une grotte qui était occupée par des hommes préhistoriques, il y a 12 000 ans ! Cette grotte extraordinaire est près de Marseille. Comme la grotte de Lascaux, dans le Sud-Ouest, elle est couverte de dessins colorés de chevaux, de cerfs, de bisons et d'oiseaux et elle est très bien conservée.
À l'époque, les hommes préhistoriques y entraient à pied, car la mer ne bouchait pas l'entrée. Dans quelques années, tu pourras la visiter.

(*Le Petit Journal d'Astrapi* – 01/12/91)

QUESTIONS

1. Que dessinaient les hommes préhistoriques dans les grottes ?
2. Qu'est-ce qu'un spectacle de son et lumière ?

Suivez le guide

Château de Castelnaud, en Dordogne
Musée de la guerre au Moyen Âge

Ouvert toute l'année

- Juillet, août :
  tous les jours de 9h à 20h.
- Mai, juin et septembre :
  tous les jours de 10h à 19h.
- Mars, avril, et d'octobre à mi-novembre :
  tous les jours de 10h à 18h.
- Hors saison :
  tous les jours de 14h à 17h,
  sauf fermeture le samedi.
- Toute l'année, sur réservation, pour les groupes.
- Documentation pédagogique sur demande.

Salle d'arme

Perrière

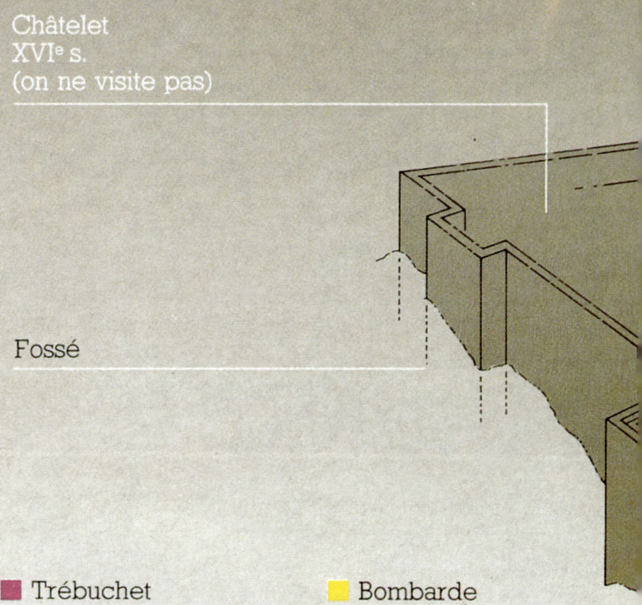

Trébuchet

Bombarde

1. courtine :
mur qui relie deux tours.

2. XIIIe s. :
treizième siècle (de 1201 à 1300).

3. enceinte :
mur extérieur du château.

4. corps de logis :
bâtiment d'habitation.

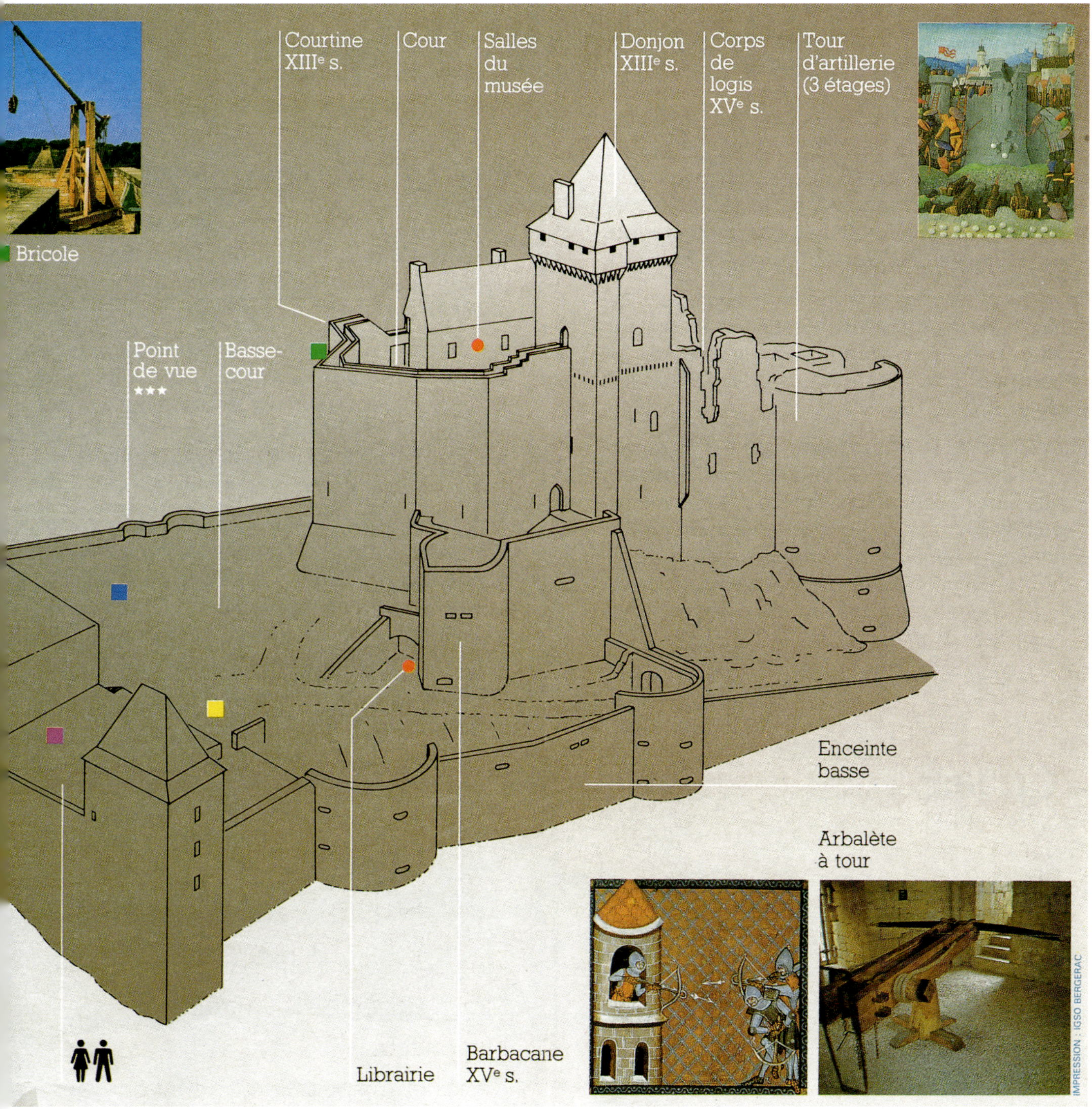

QUESTIONS

1. De quelle époque date ce château ?
2. Quand peut-on le visiter ?
3. Donne le nom de quelques armes du Moyen Âge.

À TON TOUR

Recherche un dépliant touristique présentant une curiosité ou un monument de ta région, et lis-le.

Les mots du thème

autrefois adv. • ***Autrefois**, les gens voyageaient en voiture à cheval*, dans le temps passé (CONTR. : actuellement, aujourd'hui). — • *Les maisons d'**autrefois***, les anciennes maisons.

caverne nom f. • *Il y a des peintures représentant des bisons dans cette **caverne***, dans cette grotte. — • **Les hommes des cavernes** : les hommes préhistoriques qui vivaient dans des cavernes.

chevalerie nom f. • *Au Moyen Âge, les seigneurs chrétiens qui combattaient à cheval faisaient partie de la **chevalerie***, l'ordre des chevaliers.
■ **chevalier** nom m. • *Pour devenir **chevalier**, les jeunes nobles devaient promettre d'être braves, généreux ; ils devaient pouvoir payer leurs chevaux et leurs armes.* ⋆ Ne confonds pas avec *cavalier*.

château nom m. Grande habitation où vivaient autrefois des rois ou des seigneurs. • *Le **château** de Versailles.* • **Château fort** : château fortifié qu'on construisait au Moyen Âge. • *Le donjon, le pont-levis, les créneaux, etc., d'un **château fort**.*

légende nom f. • *Une vieille **légende** dit que ce château est hanté*, un récit merveilleux que les gens se sont transmis au cours des siècles (⟶ légendaire).
■ **légendaire** adj. • *La fée Mélusine est un personnage **légendaire***, de légende.

préhistoire nom f. • *Dans cette caverne, des hommes ont tracé ces dessins pendant la **préhistoire***, l'époque très ancienne où les hommes ne savaient pas encore écrire.
■ **préhistorique** adj. • *Cette pierre taillée est une arme **préhistorique***, qui date de la préhistoire.

CHARADES

Mon premier aime les souris,
Mon deuxième est le contraire de tard,
Mon troisième n'est pas faible,
Et mon tout
est une construction du Moyen Âge.

Que suis-je ?

Mon premier est une partie du château,
Mon deuxième est un fruit sec,
Et mon tout
désigne un spectacle du Moyen Âge.

Que suis-je ?

Que la fête commence !

Amusons-nous.

Pages

mon album d'activités · Larousse
les petits copains font
la fête
Larousse

LA FÊTE

Une fête foraine vers 1900.

QUESTIONS

1. Sur la couverture du livre, quels éléments évoquent la fête ?
2. Quels stands et quelles attractions reconnais-tu sur l'affiche de la fête foraine ?

Le carnaval chinois

« C'est aujourd'hui la fête du lion à Pékin. À cette heure-ci, on doit le rencontrer du côté de la rue des Jades ou de la rue de la Soie.

– Un lion en liberté. Il n'est pas dangereux ?

– Jusqu'à ce jour il n'a encore mordu personne... Courons le voir. »

C'est un lion vert, une bête magnifique et vigoureuse à la tête de soie et de carton ornée d'arabesques[1] d'or. Une ample traîne[2] de drap rouge figure[3] le corps et la queue.

« Mais ce n'est pas un vrai lion ! » s'écrie Françoise.

Deux hommes, ou plutôt deux remarquables acrobates, animent la bête. L'homme de front[4] garde la tête du lion levée et la remue avec ses bras tandis que l'homme de queue[5] courbe la taille. Le lion se tortille, [...] bondit et arrache un chou suspendu à une perche de bambou, après avoir escaladé une pyramide de jeunes garçons. Au même instant des groupes de jeunes gens, et le lion avec eux, s'effondrent, tandis que des pétards explosent à grands fracas. À peine debout, le lion vert reprend sa course et jongle avec des ballons de soie que lui lancent des petits enfants émerveillés...

1. des arabesques : des lignes courbes.

2. une traîne : bas d'un vêtement qui traîne à terre, derrière une personne qui marche.

3. il figure : il représente.

4. l'homme de froant : celui qui est devant.

5. l'homme de queue : celui qui est derrière.

Soudain, un guerrier fend la foule et surgit, un guerrier d'autrefois avec sa longue barbe et ses habits brodés. Dans sa main tournoie un grand sabre. Le lion avance, recule, mime la peur ou l'audace, se roule à terre, fait le beau, tandis que le brave guerrier fend l'air de terribles moulinets. Ce lion extraordinaire serait-il à bout de souffle ? Non pas. Voici que le brave donne à Françoise un cerceau. Intimidée, elle tend le bras. L'animal se replie sur lui-même, prend son élan et plonge. Françoise n'a vu de lui qu'une longue traînée rouge feu. Cris, applaudissements, explosions de pétards, le lion s'en va de place en carrefour répétant ses pantomimes[6] et ses exploits[7].

D'après C. Fontugne,
Pierre et Françoise en Chine.
D.R.

6. ses pantomimes :
ses gestes et ses expressions.

7. ses exploits :
ce qu'il a fait d'extraordinaire.

QUESTIONS

1. Comment est fabriqué le lion de la fête ?
2. Que fait le lion en avançant dans la rue ?

Le Mardi gras de Trott

Pour Mardi gras, le petit Trott est invité à un bal d'enfants déguisés, chez Mme Le Corbeiller. Il part avec sa maman.

Maman sort du jardin, escortée d'un splendide polichinelle. Trott ne se tient pas de joie.
Il admire la bosse de son ventre et se tord le cou pour admirer celle de son dos.
Il fait claquer ses petits sabots, plante son bicorne[1] sur l'oreille, contemple ses rayures rouges et jaunes.

Pendant le chemin, Trott sautille, danse : il a le diable au corps.

Il fait son entrée au salon. Bon. Il faut dire bonjour à Madame Le Corbeiller… Quelques dames le tournent, le retournent, le tripotent. Qu'elles sont ennuyeuses… Ouf ! C'est fini. Trott s'esquive[2] pour se mêler au petit monde dansant.

Il est tout ahuri[3] d'abord. Il ne reconnaît personne. Tout cela passe, repasse, tourbillonne… Les masques, les costumes, le bruit, les lumières au milieu de l'après-midi.

1. un bicorne : un chapeau qui a deux pointes.

2. il s'esquive : il s'en va sans se faire remarquer, sans être vu.

3. ahuri : très étonné.

Ah ! enfin, voilà Marie Dollier… Elle saura lui dire les costumes des autres, afin qu'il puisse s'y retrouver au milieu de ces chaperons rouges, clownesses, reines, marquises, etc… Voilà Solange. Elle est en marquise, avec des cheveux poudrés et une jupe bouffante[4]. Trott, tout joyeux, court à elle. Mais elle l'accueille avec un éclat de rire :

« Oh, mon pauvre Trott que tu es laid. »

Trott est horriblement humilié[5]… Il lui demande de danser avec lui. « Non, tu comprends, tes bosses me gêneraient. » Et elle s'éloigne en riant. Toute la bonne humeur de Trott est partie. Il y a bien d'autres filles, mais il ne les connaît pas. Madame Le Corbeiller voit son isolement. Elle le prend par la main et le mène à une petite princesse. Elle a une figure très grognon. En dansant, elle écrase les pieds du pauvre Trott. Aussi il se dépêche de la planter[6] là. Et il va se cacher dans un coin.

D'après A. Lichtenberger,
Mon Petit Trott,
Éd. Plon.

4. bouffante : qui est comme gonflée.

5. humilié : qui est vexé, qui a honte.

6. la planter là : la laisser là.

QUESTIONS

1. Pourquoi Trott est-il, au début, si joyeux ?
2. Pourquoi Solange ne veut-elle pas danser avec lui ?

Fais attention à l'ordre des lettres.

loin	un lion	laid	le diable	des reines	des riens
un coin	nous lancions	la main	il miaula	il teint	il tient
un besoin	l'explosion	une traîne	triant	un peigne	les pieds
noir	junior	une plainte	pliant	la Seine	sienne
il doit	idiot	vrai	il dévia	la neige	un siège

Pour exprimer deux actions qui se déroulent au même moment.

Solange se moque de Trott et s'éloigne **en riant**.

En dansant, la petite princesse écrase les pieds de Trott.

J'arrive **en courant**.
Il répond **en pleurant**.
Nous sortons **en criant**.

En entrant, Trott salue les dames.
En remuant, tu casseras un verre.
En partant, éteins la lumière.

LES FÊTES TRADITIONNELLES

Le meilleur de la fête, c'est quelquefois sa préparation. Souvenons-nous aussi que la façon de donner compte souvent plus que ce que l'on donne. Cela est vrai pour les fêtes de fin d'année, comme Noël.

Une jolie fête où l'on mange avec plaisir la galette des Rois. Qui aura la fève et la couronne ? On appelle cette fête le Jour des Rois ou l'Épiphanie.

Comme il est agréable, d'être quelqu'un d'autre, de changer de peau, de se transformer en Pierrot ou en Colombine ! Vive Mardi gras et vive le carnaval !

En France, les enfants cherchent souvent les œufs de Pâques dans les jardins. Dans de nombreux pays d'Europe, la tradition[1] des œufs décorés est très ancienne.

La fête des Mères est très récente[2]. Elle est née, au début du siècle, de l'idée d'une Américaine qui pensait fêter le travail de toutes les mères au foyer.

Le 14 juillet, c'est notre fête nationale. Défilés, bals populaires, feux d'artifices, célèbrent la République qui a pour devise : Liberté, Égalité, Fraternité.

JANVIER

S	1	JOUR de l'AN
D	2	*Épiphanie*
L	3	Geneviève
M	4	Odilon
M	5	Édouard
J	6	Mélaine
V	7	Raymond
S	8	Lucien
D	9	Alix
L	10	Guillaume
M	11	Paulin
M	12	Tatiana
J	13	Yvette
V	14	Nina
S	15	Rémi
D	16	Marcel
L	17	Roseline
M	18	Prisca
M	19	Marius
J	20	Sébastien
V	21	Agnès
S	22	Vincent
D	23	Barnard
L	24	François de S.
M	25	*Conv. S. Paul*
M	26	Paule
J	27	Angèle
V	28	Th. d'Aquin
S	29	Gildas
D	30	Martine
L	31	Marcelle

FEVRIER

M	1	Ella
M	2	*Présentation*
J	3	Blaise
V	4	Véronique
S	5	Agathe
D	6	Gaston
L	7	Eugénie
M	8	Jacqueline
M	9	Apolline
J	10	Arnaud
V	11	*N.-D Lourdes*
S	12	Félix
D	13	Béatrice
L	14	Valentin
M	15	*Mardi-Gras*
M	16	*Cendres*
J	17	Alexis
V	18	Bernadette
S	19	Gabin
D	20	*Carême*
L	21	P. Damien
M	22	Isabelle
M	23	Lazare
J	24	Modeste
V	25	Roméo
S	26	Nestor
D	27	Honorine
L	28	Romain

MARS

M	1	Aubin
M	2	Charles le B.
J	3	Guénolé
V	4	Casimir
S	5	Olive
D	6	Colette
L	7	Félicité
M	8	Jean de D.
M	9	Françoise
J	10	Vivien
V	11	Rosine
S	12	Justine
D	13	Rodrigue
L	14	Mathilde
M	15	Louise
M	16	Bénédicte
J	17	Patrice
V	18	Cyrille
S	19	Joseph
D	20	PRINTEMPS
L	21	Clémence
M	22	Léa
M	23	Victorien
J	24	Cath. de Su.
V	25	*Annonciation*
S	26	Larissa
D	27	*Rameaux*
L	28	Gontran
M	29	Gwladys
M	30	Amédée
J	31	Benjamin

AVRIL

V	1	Hugues
S	2	Sandrine
D	3	PAQUES
L	4	Isidore
M	5	Irène
M	6	Marcellin
J	7	J.-B. de la S.
V	8	Julie
S	9	Gautier
D	10	Fulbert
L	11	Stanislas
M	12	Jules
M	13	Ida
J	14	Maxime
V	15	Paterne
S	16	Benoît-J.
D	17	Anicet
L	18	Parfait
M	19	Emma
M	20	Odette
J	21	Anselme
V	22	Alexandre
S	23	Georges
D	24	*Jour du Souvenir*
L	25	Marc
M	26	Alida
M	27	Zita
J	28	Valérie
V	29	Cath. de Si.
S	30	Robert

MAI

D	1	FÊTE du TRAVAIL
L	2	Boris
M	3	Phil., Jacq.
M	4	Sylvain
J	5	Judith
V	6	Prudence
S	7	Gisèle
D	8	*Vic. 45, F.J-d'Arc*
L	9	Pacôme
M	10	Solange
M	11	Estelle
J	12	ASCENSION
V	13	Rolande
S	14	Matthias
D	15	Denise
L	16	Honoré
M	17	Pascal
M	18	Eric
J	19	Yves
V	20	Bernardin
S	21	Constantin
D	22	PENTECÔTE
L	23	Didier
M	24	Donatien
M	25	Sophie
J	26	Bérenger
V	27	Augustin
S	28	Germain
D	29	*Fête des Mères*
L	30	Ferdinand
M	31	*Visitation*

JUIN

M	1	Justin
J	2	Blandine
V	3	Kévin
S	4	Clothilde
D	5	*Fête Dieu*
L	6	Norbert
M	7	Gilbert
M	8	Médard
J	9	Diane
V	10	Landry
S	11	Barnabé
D	12	Guy
L	13	Antoine de P.
M	14	Elisée
M	15	Germaine
J	16	J.F. Régis
V	17	Hervé
S	18	Léonce
D	19	Romuald
L	20	Silvère
M	21	ÉTÉ
M	22	Alban
J	23	Audrey
V	24	Jean-Bapt.
S	25	Prosper
D	26	Anthelme
L	27	Fernand
M	28	Irénée
M	29	Pierre, Paul
J	30	Martial

JUILLET

V	1	Thierry
S	2	Martinien
D	3	Thomas
L	4	Florent
M	5	Antoine
M	6	Mariette
J	7	Raoul
V	8	Thibaut
S	9	Amandine
D	10	Ulrich
L	11	Benoît
M	12	Olivier
M	13	Henri, Joël
J	14	FÊTE NATIONALE
V	15	Donald
S	16	*N.D. Mt-Carmel*
D	17	Charlotte
L	18	Frédéric
M	19	Arsène
M	20	Marina
J	21	Victor
V	22	Marie-Mad.
S	23	Brigitte
D	24	Christine
L	25	Jacques
M	26	Anne., Joa.
M	27	Nathalie
J	28	Samson
V	29	Marthe
S	30	Juliette
D	31	Ignace de L.

AOUT

L	1	Alphonse
M	2	Julien-Ey.
M	3	Lydie
J	4	J.M. Vianney
V	5	Abel
S	6	*Transfiguration*
D	7	Gaétan
L	8	Dominique
M	9	Amour
M	10	Laurent
J	11	Claire
V	12	Clarisse
S	13	Hippolyte
D	14	Evrard
L	15	ASSOMPTION
M	16	Armel
M	17	Hyacinthe
J	18	Hélène
V	19	Jean Eudes
S	20	Bernard
D	21	Christophe
L	22	Fabrice
M	23	Rose de L.
M	24	Barthélemy
J	25	Louis
V	26	Natacha
S	27	Monique
D	28	Augustin
L	29	Sabine
M	30	Fiacre
M	31	Aristide

SEPTEMBRE

J	1	Gilles
V	2	Ingrid
S	3	Grégoire
D	4	Rosalie
L	5	Raïssa
M	6	Bertrand
M	7	Reine
J	8	*Nativité N.D.*
V	9	Alain
S	10	Inès
D	11	Adelphe
L	12	Apollinaire
M	13	Aimé
M	14	*La Ste Croix*
J	15	Roland
V	16	Edith
S	17	Renaud
D	18	Nadège
L	19	Emilie
M	20	Davy
M	21	Matthieu
J	22	Maurice
V	23	AUTOMNE
S	24	Thècle
D	25	Hermann
L	26	Côme, Dam.
M	27	Vinc. de Paul
M	28	Venceslas
J	29	Michel
V	30	Jérôme

OCTOBRE

S	1	Th. de l'E.J.
D	2	Léger
L	3	Gérard
M	4	Fr. d'Assise
M	5	Fleur
J	6	Bruno
V	7	Serge
S	8	Pélagie
D	9	Denis
L	10	Ghislain
M	11	Firmin
M	12	Wilfried
J	13	Géraud
V	14	Juste
S	15	Th. d'Avila
D	16	Edwige
L	17	Baudouin
M	18	Luc
M	19	René
J	20	Adeline
V	21	Céline
S	22	Elodie
D	23	Jean de C.
L	24	Florentin
M	25	Crépin
M	26	Dimitri
J	27	Emeline
V	28	Sim., Jude
S	29	Narcisse
D	30	Bienvenue
L	31	Quentin

NOVEMBRE

M	1	TOUSSAINT
M	2	*Défunts*
J	3	Hubert
V	4	Charles
S	5	Sylvie
D	6	Bertille
L	7	Carine
M	8	Geoffroy
M	9	Théodore
J	10	Léon
V	11	ARMISTICE 1918
S	12	Christian
D	13	Brice
L	14	Sidoine
M	15	Albert
M	16	Marguerite
J	17	Elisabeth
V	18	Aude
S	19	Tanguy
D	20	Edmond
L	21	*Prés. Marie*
M	22	Cécile
M	23	Clément
J	24	Flora
V	25	Catherine L.
S	26	Delphine
D	27	*Avent*
L	28	Jacq. de la M.
M	29	Saturnin
M	30	André

DECEMBRE

J	1	Florence
V	2	Viviane
S	3	Xavier
D	4	Barbara
L	5	Gérald
M	6	Nicolas
M	7	Ambroise
J	8	*Imm. Concept*
V	9	P. Fourier
S	10	Romaric
D	11	Daniel
L	12	Jeanne F.C.
M	13	Lucie
M	14	Odile
J	15	Ninon
V	16	Alice
S	17	Gaël
D	18	Gatien
L	19	Urbain
M	20	Abraham
M	21	Pierre C.
J	22	HIVER
V	23	Armand
S	24	Adèle
D	25	NOËL
L	26	Etienne
M	27	Jean
M	28	*Innocents*
J	29	David
V	30	Roger
S	31	Sylvestre

1. la tradition : l'habitude, une manière de faire qui existe depuis longtemps.

2. récente : qui existe depuis peu de temps.

QUESTIONS

1. Quand se situe la fête des Rois ? Et la fête des Mères ?
2. Quelles sont les fêtes qui ont lieu au printemps ?

RECHERCHE

Sers-toi du calendrier pour trouver d'autres fêtes. Note-les.

Fortissimo ! Fortissimo !
Il en a de bonnes, le Grand Schtroumpf ! Je schtroumpfe tant que je peux !
NON ! ARRÊTEZ ÇA NE VA PAS !
On ne peut pas schtroumpfer la schtroumpfonie en ut avec un seul interprète !... Il me faut d'autres musiciens !
Ben, nous, on veut bien, mais...
Nous n'avons pas d'instruments !!
Eh non !
Eh bien, schtroumpfez-en !
Oh ! oui !
Oh ! oui !
Chic !
Je vais schtroumpfer une vielle !
Moi, des timbales !
Et moi, un schtroumpfbone à coulisse !
Moi, je n'aime pas les coulisses !
Mais laissons un instant les Schtroumpfs et transportons-nous non loin de là, chez le méchant sorcier Gargamel...
Rien ! Toujours rien !!
Voilà des mois que j'explore la forêt...
En vain !... Je ne parviens pas à retrouver le village de ces affreux petits Schtroumpfs !... Mais j'y arriverai un jour ! Tu entends, Azraël ?
Miaw !
Et alors JE ME VENGERAI !
2
Peyo

Peyo, extrait de *Schtroumpfonie en ut*,
dans *Le Schtroumpfissime*, Dupuis.

Pause

À Mardi Gras
j'ai vu un roi
c'était Benoît
j'ai vu Zorro
c'était Bruno
j'ai vu Astérix
c'était Félix
j'ai vu une reine
c'était Hélène
j'ai vu une fée
c'était Salomé

Suzanne Bray,
Marguerite Clausard,
Apprendre à écouter, O.C.D.L.

14 Juillet

La lune a mis son masque d'or
Pour se garder du maléfice
Et mieux voir le feu d'artifice
Que des humains pleins de malice
Tirent ce soir sur le vieux port.

Blanche Messis,
dans, Jacques Charpentreau,
Mon Premier Livre de poèmes pour rire,
coll. « Enfance Heureuse », Éd. Ouvrières.

Le roi Carnaval

Le roi Carnaval
Qui a un faux nez de carton rose
Est à cheval
Sur un bœuf gras couronné de roses.

Il a des grelots argentins
À son chapeau crevé de papier trop mince
Et porte habit brodé de satin
Comme le plus mirobolant des princes.

Les collets montés et les arlequins
Lui font une royale cour
Et mènent du bout des doigts comme des faquins
Des fées aux masques de velours.

Tristan Klingsor,
Le Valet de cœur,
Éd. Mercure de France.

Une horloge sonne six coups
Elle ajoute un petit air
Et c'est six heures et demie
Les enfants se réveillent
Et la fête est finie
Les forains sont partis
La lune les a suivis.

Jacques Prévert,
Histoires, Gallimard.

Je te donne pour ta fête

Air traditionnel

Texte de Max Jacob,
« Pour les enfants et pour les raffinés »,
in *Saint Matorel*,
© Gallimard.

Je te donne pour ta fête
Un chapeau couleur noisette,
Un petit sac en satin
Pour le tenir à la main,
Un parasol en soie blanche,
Avec des glands sur le manche,
Un habit doré sur tranche,
Des souliers couleur orange,
Ne les mets que le dimanche,
Un collier, des bijoux,
Tiou !

Fête au village (1)

Pascalet raconte l'histoire d'un jeune garçon extraordinaire, Gatzo, qu'il a délivré des bohémiens. Ce soir, c'est la fête, et Grand-Père Savinien donne, comme tous les ans, son spectacle de théâtre, devant tout le village. Gatzo, qui a disparu depuis longtemps, retrouve son grand-père et assiste au spectacle en pleurant, perché sur un arbre.

Le grand-père ne disait rien ; l'émotion[1] lui avait coupé la parole. Il regardait toujours son petit-fils, dont les jambes pendaient au milieu du feuillage. Et Gatzo, du haut de son arbre, le regardait aussi, tout en pleurant.

Au pied de l'arbre, les notables[2] : le maire, le curé, le notaire[3], le médecin, formaient le cercle et ils souriaient à l'enfant pour l'encourager à descendre. Ce qu'il fit.

– Doucement, lui disaient les grands-mères prudentes, ne te casse rien, petit fou.

Et les hommes hochant la tête félicitaient Grand-Père Savinien.

– Regardez, disaient-ils, comme il s'y prend bien. L'écureuil n'est pas plus léger.
Lorsque, glissant le long du tronc,
Gatzo tomba devant le maire, tout le monde fit : « Ouf ! » de soulagement.

1. l'émotion : ce que l'on ressent dans son cœur et dans son corps.

2. les notables : les personnes importantes du village.

3. le notaire : personne dont le métier est de vérifier que les ventes et les contrats sont faits correctement.

Alors le maire s'écria :

– En route, mes enfants ! Et par ordre de marche : les petits d'abord, puis les filles, et, après les filles, les femmes et, pour finir, tous les électeurs[4].

Le garde champêtre[5], éveillé, souleva son tambour et prit la tête.

Le maire se plaça derrière lui. À sa droite, il y avait Grand-Père Savinien. À sa gauche, Gatzo, tout à fait rassuré. Il les tenait, chacun par la main.

Suivaient, sur un seul rang, les cinq notables : le curé, le notaire, le médecin, le navigateur[6] et le buraliste[7].

Les villageois venaient ensuite. En tête les petits. Dans la première file on voyait Hyacinthe, avec ses yeux bleus et sa couette. Elle regardait devant elle, d'un air sérieux.

Les vieux fermaient la marche.

Doucement le garde champêtre de ses vieilles mains battait du tambour.

Il battait, du bout des baguettes, un air de marche entraînant malgré son grand âge. Et sur ce rythme sautillant, tout le monde, sans le savoir, se dandinait[8].

4. les électeurs :
ceux qui votent pour les élections.

5. le garde-champêtre :
son métier est de surveiller les forêts et les champs ; il travaille aussi dans la commune.

6. un navigateur :
un marin qui fait de longs voyages en mer.

7. un buraliste :
celui qui tient un bureau de tabac.

8. il se dandinait :
il balançait son corps, maladroitement.

Fête au village

(2)

Ainsi, je les vis tous passer, le visage épanoui[1], et les filles, qui s'étaient prises par la taille, chantonnaient de plaisir, en se balançant.

– Jamais, disaient les vieilles, on n'a vu, depuis cinquante ans, une fête pareille.

Les vieux approuvaient de la tête. Et les jeunes riaient sans savoir pourquoi.

Quand le dernier rang fut passé, je vis le chien de Grand-Père Savinien. Il suivait avec son air de chien habitué à suivre. Il suivait, le museau sur les talons des vieux, en trottinant. Et, s'il était le dernier du cortège[2], il n'en semblait pas le moins satisfait.

Il passa à son tour et je restai seul.

Personne ne m'avait remarqué, pas même Gatzo. Gatzo tenait avec respect la main solennelle[3] du maire et il paraissait pénétré de cet honneur[4]. M'avait-il aperçu ? Peut-être ne voyait-il rien, car il était, cette nuit-là, le roi du cortège. Mais moi, qui l'avais vu et qui l'aimais, j'en avais le cœur tout gonflé de peine, et les larmes me montaient aux yeux.

De la fête, il ne restait plus que les bancs vides de l'école et le petit théâtre en toile avec son âne peint sur le rideau.

1. épanoui : souriant, réjoui.

2. le cortège : le défilé.

3. solennelle : importante.

4. pénétré de cet honneur : très fier d'être au premier rang et de tenir la main du maire.

Les lampions[5] un à un s'éteignaient dans les branches de l'ormeau[6], et plus haut, dans le ciel laiteux, on devinait bien que la lune commençait à tomber vers les collines.

Je me sentais si seul, j'étais si malheureux, que je ne savais plus que faire.

Derrière le théâtre abandonné, on avait oublié d'éteindre une chandelle. Elle brûlait en tremblotant et la lueur de sa flamme invisible faisait au-dessus du léger toit une faible et mystérieuse couronne de lumière.

Henri Bosco,
d'après *L'Enfant et la rivière*,
Gallimard.

5. les lampions : les lanternes.

6. l'ormeau : jeune arbre de la famille des ormes.

QUESTIONS

1. Pourquoi félicite-t-on Grand-Père Savinien ?
2. Pourquoi les habitants du village sont-ils heureux ? À quoi le remarque-t-on ?
3. Pourquoi Pascalet a-t-il, tout d'un coup, beaucoup de peine ?

Je fais attention à « h » dans les mots suivants.

un bohémien	chantonner	la chorale	le pharmacien
un bonhomme	une branche	en chœur	une phrase
le théâtre	la chandelle	un orchestre	le téléphone
un honneur	champêtre	le chronomètre	un triomphe
Hyacinthe	le chien	un écho	un éléphant
le rythme	un chemin	Christian	une catastrophe

Je lis bien les phrases et j'observe les verbes.

Le maire plaça les livres sur la table.	Le maire se plaça derrière lui.
Les filles prennent des gâteaux.	Les filles se prennent par la taille.
Grand-Père Savinien éteignait les lampions.	Les lampions s'éteignaient.
Nous parlons du retour de Gatzo.	Nous nous parlons.
Je vois tout le monde qui passe.	Je me vois dans la glace.

L'ÉVÉNEMENT DE LA SEMAINE :

La fête du cinéma

FESTIVAL DE CANNES 1993

À Cannes (ville du Midi de la France, sur la Côte d'Azur, entre Nice et Marseille) vient de s'ouvrir le 46e festival du cinéma. Pendant 11 jours les acteurs[1] mais aussi les réalisateurs[2] et les producteurs (ceux qui réunissent l'argent pour faire les films) du monde entier se retrouvent.

Cette année, le président du jury est le metteur en scène français Louis Malle. Le premier prix, c'est la Palme d'or, mais, à Cannes, on récompense aussi toutes les personnes qui ont, avec talent[3], participé à [...] la réalisation d'un film. [...]

En 1995, le cinéma fêtera ses 100 ans d'existence.

C'est en 1895 que le premier film a été projeté. Il s'agit du célèbre « Arroseur arrosé » *réalisé par deux Français, les Frères Lumière, qui sont considérés comme les véritables inventeurs du cinéma.*

P. DELANNOY

(D'après articles parus dans *Le Journal des Enfants* n° 437/93, du 14 mai 1993).

Chasse aux trésors de Pâques

Des œufs, du chocolat, des jeux et des concerts de carillons[4] : tous les conseils pour passer de joyeuses fêtes !

Le Nouvel Observateur, n°1 483, du 8 au 14 avril 1993

6e ÉDITION DES DIX JOURS DU THÉÂTRE

Une manifestation bien installée

Ces dix jours particuliers sont nés des nombreux spectacles scolaires de fin d'année, auxquels on a ajouté quelques démonstrations de professionnels. Cette année l'humour, la poésie, l'improvisation[5] et les contes brillent de tous leurs feux !

La République de Seine et Marne, n°6531, du 3 mai 1993.

La fête européenne des enfants

Un arbre de Noël
Européen...
Une première à Melun
dans le cadre
de l'année européenne.

Flash 77

LA FÊTE DU VÉLO

1. **les acteurs :** ceux qui jouent dans un film.
2. **les réalisateurs :** ceux qui dirigent la préparation et la fabrication d'un film.
3. **avec talent :** avec beaucoup de qualités.
4. **des carillons :** ensembles de cloches avec des sons différents.
5. **l'improvisation :** ce que l'on fait sans préparation.

QUESTIONS

1. Comment s'appelle le premier prix du Festival du cinéma de Cannes ?
2. Quelles personnes sont considérées comme les inventeurs du cinéma ?

AMUSONS-NOUS !

VIVEZ LA HAUTE MAURIENNE VANOISE

■ VAL CENIS

12/06 :	Fête de la danse.
21/06 :	Fête de la musique.
30/06-4/07 :	Journées culturelles internationales du Mont Cenis (botanique)[1].
juin :	Fête du cinéma.
2-7/07 :	Semaine de « loisirs utiles » : les gens du pays font partager la passion de leur métier…
14/07 :	Val Cenis fait la fête.
15/07 :	Fête de Lanslevillard.
14-22/07 :	Semaine Skate Board et Freestyle pour les enfants, ateliers…
22/07 :	13e Fête franco-italienne de l'alpage[2] au Mont Cenis : à 2 000 m la rencontre de deux hautes vallées.
30/07-12/08 :	2e Quinzaine du Cirque, ateliers, spectacles.
13-19/08 :	Semaine de « Loisirs Utiles ».
19/08 :	Grande fête des guides.
20-26/08 :	Spectacle danses et modes.

■ SOLLIÈRES-SARDIÈRES

21/07 :	Fête du village de Sardières.
5/08 :	Fête montagnarde à Sollières.
12/08 :	Fête du monolithe[3] de Sardières-Escalade et animations sur le Monolithe (de 92 m de hauteur).
L'été :	Concours des maisons fleuries.

Festival nature et montagne – Festival de l'astronomie[4]

1. la botanique :
étude des plantes.

2. l'alpage :
les prairies qui sont en haute montagne.

3. un monolithe :
énorme rocher d'un seul bloc.

4. l'astronomie :
étude du Soleil, de la Terre, des étoiles, de tous les astres.

QUESTIONS

1. Que se passe-t-il le 21 juillet à Sardières ?
2. Où et quand se déroule la fête franco-italienne de l'alpage ?

À TON TOUR

Fais le programme de la fête de ton école.

Les mots du thème

carnaval nom m. Grande fête avec des défilés et des bals costumés. • *Nous nous sommes déguisés pour le **carnaval**.* — • *Le **carnaval** de Nice.*

déguiser v. pron. • *Laurent **s'est déguisé** en cosmonaute* : il s'est habillé comme un cosmonaute (⟶ SYN. : se travestir).

fête nom f. **1** • *La **fête** du Nouvel An suit de près la **fête** de Noël*, les réjouissances qui marquent chaque année ces événements. **2** • *Samedi, nos voisins ont organisé une **fête***, une réception.

festival nom m. Les festivals sont de grandes réunions où l'on voit des films, ou bien où l'on assiste à des pièces de théâtre, des concerts de musique. • *Chaque année, les différents pays présentent leurs meilleurs films dans des **festivals**.*

fête foraine gr. noms f. • *J'ai joué à la loterie et fait des tours de manège à la **fête foraine***, à la foire qui réunit des manèges et des attractions.

joie nom. f. • *Éprouver, ressentir de la **joie***, un sentiment agréable, qui rend heureux (⟶ joyeux ; CONTR. : tristesse). — • *Voulez-vous venir avec nous ? — AVEC **JOIE** !* : avec plaisir.

maquiller v. • *Pour la fête, Martine m'avait **maquillé** en clown* : elle m'avait peint le visage comme celui d'un clown. — • *Maman **se maquille*** : elle met sur son visage des couleurs qui l'embellissent (CONTR. : se démaquiller).

masque nom m. **1** • *Pour le carnaval, Éric s'est déguisé en Indien et il a mis un **masque*** : quand quelqu'un met un masque on ne voit pas son visage et on ne peut le reconnaître. **2** • *Pour nager sous l'eau, Valérie avait emporté son **masque** de plongée*, un objet qui protège les yeux et le nez et qui permet de voir sous l'eau.

MOTS CROISÉS

Recopie la grille sur ton cahier. Complète-la avec des mots du thème.

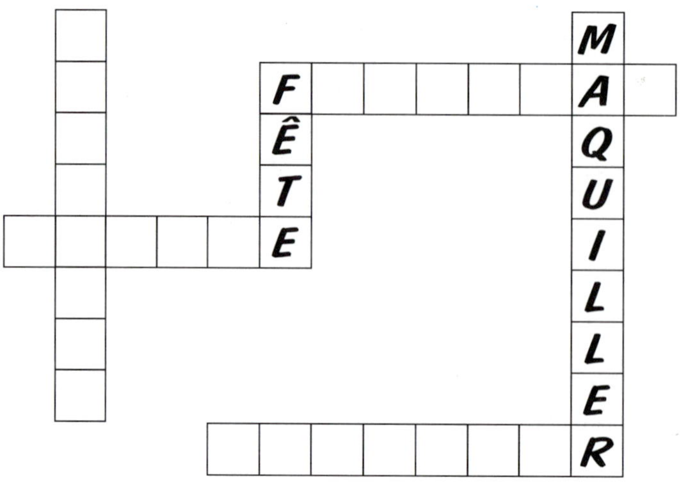

Table des matières

Histoire suivie

Thèmes et textes

Documents

Le dragon de la tour Eiffel
p. 22 : © J.P. Langeland/Diaf – © J. Kérébel/Diaf – plan R. Picard.
p. 23 : © Rainer Binder/Slide – © Kanus/Slide – carte R. Picard

Autour de moi
p. 25 : © Peyo-licence through IMPS (Brussels) – 1993.
p. 26 : Avec l'aimable autorisation du Crédit Agricole. Ill. C. Delaunay.
p. 32 : © Lionel Derimais/Jerrican.
p. 33 : © Deplanne/Jerrican.
p. 42 : © Affiche Salon du livre de Montreuil 92/Roux Seguela et Goudard.
p. 44 : Photo Deidi Von Schaewen/© Tous droits réservés. La photothèque SDP.

Au secours des bêtes et des plantes
p. 48 : © Dictionnaire Hachette couleurs.
p. 49 : Photo Bernard Maltaverne, stylisme : Faver, pour *Cent idées*.
pp. 54-55 : Cidil-SIGF-Conception MPRA Communication – ill. Jean-Marc Navello, rédaction : Philippe Debarge.
p. 64 : © Philippe Cordier/Jacana.
p. 65 : Panda, © Henry Gallais/Jacana – Eléphant © Photo Alain Beignet – Gorille, © Yan Arthus-Bertrand/Jacana – Panthère, Lynn Renée/PHR/Jacana – Baleine, © François Gohier/Jacana.
p. 65 : Ours brun © Photo Alain Beignet.
p. 66 : © Photo Alain Beignet.
pp. 66 : Documents extraits du guide *Passeport Vanoise*, Parc national de la Vanoise.
p. 67 : Photos extraites de *Fleurs de Vanoise*, Parc national de la Vanoise, Édinord.

Vivre ici et ailleurs
p. 70 : Affiche Festival de l'enfance 1993.
p. 71 : Affiche Unicef – ill. H. de Coffinières.
p. 76 : © Photos Hélène Coldefi.
p. 77 : © Pratt-Pries/Diaf – © Alain Even/Diaf.
p. 87 : © J.-P. Laffont/Sygma.
p. 88 : © Pinheira/Diaf – © J.-P. Durand/Diaf.
p. 89 : © J.-M. Blache/Diaf – © J.-Ch. – D. Dries/Diaf – © Sittler/Jerrican.

Des histoires extraordinaires
p. 92 : CRILJ – ill. Pierre Cornuel.
p. 93 : Rico, « La bête Malibête », dans *Rimes en bulles* – « Comptinages » d'Au éditeur. *D.R.*
pp. 108-109 : Jacques Cassabois, Michel Boucher, *Le Château fort de François*, coll. « Cadou », Hachette. Myriam Deru, Paule Alen, *le Méchant Loup*, Gautier Languereau. J. Cousteau, *Tortues*, Hachette. Cristina Lastrego, Francesco Testa, *Giovanna et Gros Thomas*, Grasset. Simone Schmitzberger, Volker Theinhardt, *Bonne nuit, marmottes*, Bayard Poche.

Les hommes d'autrefois
p. 114 : Affiche Préhisto-Parc – Photo Aléa.
p. 115 : P. Miquel, P. Probst, *Au temps des chevaliers et des châteaux forts*, coll. « La vie privée des hommes », Hachette.
p. 130 : « Fête médiévale à Provins ». La République de Seine et Marne n° 6535 – 7 juillet 1993.
p. 131 : © Mura/Jerrican.
p. 131 : « Des bisons sous la mer » Astrapi – 1er décembre 1991 – Texte : rédaction Astrapi, illustration : Yves Calarnou. © Bayard Presse-Petit Journal d'Astrapi. 1991.
p. 132 : Château de Castelnaud en Dordogne. Avec l'aimable autorisation du musée. Photo : Lucien Roulland, graphisme : Pascal Guth.

Que la fête commence !
p. 136 : Angela Wilkes *Les petits copains font la fête*, coll. « Mon album d'activités », Larousse.
p. 137 : © J.L. Charmet.
p. 144-145 : extrait de l'album « Le Schtroumpfissime © 1965 Peyo-licence IMPS (Brussels) – 1993.

Illustrations

Christine Bassery : pp. 6 – 16
Joëlle Boucher : pp. 50 – 53.
André Depresle : pp. 14-15 – 24 – 44 – 68 – 134.
Nathalie Diéterlé : pp. 86 – 94-97 – 98-99.
Gisèle Sicard-Engelmann : pp. 25 – 47 – 58-59 – 69 – 80-81 – 91 – 110-111 – 135 – 146-147.
Éphémère : pp. 36-37 – 72-75 – 102-103 – 124-125 – 138-139 – 152 – 154 et les logos des thèmes.
Sandrine Herrenschmidt : pp. 30-31.
Lybé : pp. 60-63 – 82-85 – 140.
Annie-Claude Martin : pp. 104-107 – 116-119 – 148-151.
Rémi Picard : pp. 45 – 76-77 – 88-89.
Marie-Laure Viney : pp. 28-29 – 142-143.

Imprimé en Italie par STIGE S.p.A. - Turin
Dépôt légal n° 15797 10/01 - Collection n° 35 - Édition n° 09

11/5664/5